BIBLIOTHÈQUE DES ÉCOLES ET DES FAMILLES

DEMAGE

A TRAVERS
LE SAHARA

OUVRAGE ILLUSTRÉ DE 86 GRAVURES

PARIS
LIBRAIRIE HACHETTE ET Cie
79, BOULEVARD SAINT-GERMAIN, 79

A TRAVERS

LE SAHARA

CORBEIL. — IMPRIMERIE ED. CRÉTÉ.

BIBLIOTHÈQUE DES ÉCOLES ET DES FAMILLES

G. DEMAGE

A TRAVERS LE SAHARA

AVENTURES MERVEILLEUSES DE MARIUS MERCURIN

Ouvrage illustré de 86 gravures

D'après Mme PAULE CRAMPEL

PARIS

LIBRAIRIE HACHETTE ET Cie

79, BOULEVARD SAINT-GERMAIN, 79

1900

Dès son enfance, Marius Mercurin ne rêve que voyages.

CHAPITRE PREMIER

TOMBOUCTOU OU LAC TCHAD

« Aïe, pauvre de moi! Arrête donc, maudite bête!... Je te dis que la fatigue me tient!... Quelle vitesse!... Je n'en puis plus; mes membres sont brisés,... ma tête se tourne.... Si je tombe, je suis mort!... Pas moyen de descendre!... C'est pis qu'un express! Il ne s'arrête pas, et depuis ce matin il court, il court!... Il me secoue comme le paquebot; ça tangue, ça roule!... Mais arrête donc, coquinasse!!!... »

Ainsi geignait une pauvre créature, cramponnée des deux mains à la touffe laineuse qui couronne la bosse d'un superbe *mehari* détalant de toute la vitesse de son trot allongé dans l'immense plaine des Ouled-Salah qui sépare l'oasis de Biskra des grands chotts. Ses jambes crispées serrent frénétiquement la croupe de l'animal qui fend l'air à raison de vingt kilomètres à l'heure, tandis que les yeux de son cavalier voient fuir avec une effrayante rapidité les espaces tour à tour brûlés ou marécageux et toujours désolés qu'il traverse ainsi depuis le matin, bien malgré lui, le malheureux!

Ses lèvres tremblent; ses yeux sont hagards; sa bouche s'ouvre et se referme, laissant par intervalles échapper des plaintes jaculatoires comme celles que nous venons d'entendre.

C'est que sa situation est atroce; l'aventure qui en est cause est à la fois ridicule et terrible.

Le pauvre diable se nomme Marius Mercurin. Ses exclamations, son langage, son nom nous dispensent de dire quelle contrée de la France lui a donné le jour. Il est âgé de trente ans environ; c'est un robuste compagnon, un gai compère, jouissant d'une irréprochable santé; depuis cinq ans il fait rondement prospérer son petit patrimoine dans le productif commerce des huiles et des matières grasses, auquel il a joint accessoirement celui des chocolats d'arachide[1] et des cafés nègres[2].

Dès son enfance il ne rêve que voyages; ses premiers livres ont été les nombreux Robinsons qui, sous des noms différents, ont faussé tant de vocations, faisant croire à nombre d'enfants qu'ils avaient le goût d'être marins, alors qu'ils n'étaient qu'avides de récits d'aventures.

Plus tard, la lecture des voyages extraordinaires est devenue sa récréation favorite; tour à tour Gustave Aymard, Jules Verne, Tartarin de Tarascon... et *tutti quanti* se sont disputé ses faveurs.

Ils ont largement contribué à accroître le petit bagage géographique qu'il avait péniblement acquis à l'école communale et laïque de la ville où son père exerçait, avant lui, le commerce qu'il a su faire si bien prospérer, depuis que la mort de ses parents l'a mis en possession d'une petite aisance et d'un joli magasin de denrées coloniales parfaitement achalandé.

Une profonde désillusion a suivi chez lui la lecture de tous ces ouvrages. Le monde est si connu aujourd'hui! Plus rien à

1. Le *cacahuate* des Espagnols, dont la noix grillée additionnée de sa propre huile essentielle sert à fabriquer un produit similaire au cacao.

2. *Cassia occidentalis*, succédané du café bien supérieur à la chicorée et très tonique.

découvrir, ou si peu! L'Afrique seule, ce centre Afrique dont on m'apprenait si bien la géographie physique et les divisions politiques dans mon enfance, possède encore de vastes territoires inexplorés. Partout ailleurs, ce ne sont que marchands de vermout, d'absinthe Pernod ou Cusenier, de l'amer ou de la fille Picon! Partout ailleurs, pataches, diligences, tramways, chemins de fer ou bateaux à vapeur! Partout ailleurs, journaux de la localité et de l'étranger, illustrés ou non, avec le cours de la Bourse, etc., etc.

Seul enfin, ce centre Afrique avait le don d'exciter encore la passion de ce blasé. Aussi dévorait-il avec une avidité fébrile tous les projets de voies ferrées transsahariennes qui, plus ou moins étudiés, inondent depuis quelque temps la presse française.

Un jour, il se passionnait pour la voie « Alger — Laghouat — El-Goléah — In-Salah — Tombouctou ».

Quelques jours après, il donnait, avec un nouvel auteur, la préférence au projet « Oran — Aïn-Sefra — Igly — Tombouctou ».

Une autre fois, une nouvelle brochure lui prouve l'absurdité de ces parcours, et lui fait abandonner Tombouctou terminus pour suivre avec amour la direction du lac Tchad par Timassinin et Bir-el-Gharama qui a vu assassiner la mission Flatters par les sauvages Touareg Ahoggar.

Mais à quoi s'arrêter? Tous se contredisent! Chacun dénigre le projet du voisin pour appeler le sien le seul rationnel. Partout, compétitions, jalousies, intérêts de clocher. Tous plaident *pro domo*. Bône, Alger, Oran, chacun veut son Transsaharien. — Tombouctou ou lac Tchad? Les comptoirs sénégalais demandent l'un; les établissements du Gabon, l'autre. Tombouctou? c'est le grand caravansérail du Soudan; c'est le rendez-vous des caravanes qui en ont drainé les produits. Le Tchad? c'est le centre riche, le grand pays de production, le point de départ des mêmes marchandises.

Marius Mercurin n'en dort plus; il ressasse chaque nuit ce qu'il a lu le jour. Tombouctou ou lac Tchad? Alger ou Oran?

Pourquoi pas Bône ou la Tunisie? Pourquoi pas.. ? Oui!!! Pourquoi pas...? Mais oui! C'est une idée cela! Ce serait bien plus rapide et bien moins onéreux.

Pourquoi, abandonnant tous ces projets, ne pas relier directement et tout simplement le Niger et le Tchad, puis le Sénégal et le Niger, pour déverser à Saint-Louis les produits du Soudan qui n'ont encore pour exutoire que le cours du Niger, portant toutes les richesses du Soudan aux établissements anglais et allemands du golfe de Guinée?

Chut! n'en parlons à personne; on pourrait nous voler notre idée! Pendant qu'on étudie tous ces projets, pourquoi ne ferions-nous pas notre petite étude, aussi?

Je m'ennuie d'ailleurs beaucoup, depuis quelque temps, pense notre bon Marius qui ne voit pas accueillir à son gré ses assiduités près d'une jeune compatriote. pour laquelle il s'est senti féru d'une invincible et malheureuse passion.

Le moment ne peut être mieux choisi pour exécuter un projet qu'il caresse depuis longtemps: celui d'un long voyage d'agrément, remis chaque année, tantôt pour ceci, tantôt pour cela, et surtout parce qu'il ne sait où diriger ses pas.

Et pour oublier la cruelle, quoi de mieux que l'absence?

Dans l'héritage paternel, Marius a trouvé la perle des commis, le plus excellent des hommes, ayant dépassé la cinquantaine, heureux époux, et père de huit enfants, possédant, avec quelques biens fonciers, de sérieux intérêts dans la maison de son patron. qu'il n'a pas peu aidé à faire prospérer. Il le sait digne de toute confiance, et peut lui laisser sans crainte la gestion de ses affaires.

A ses fonctions de comptable, le commis Théodule a longtemps joint d'autres attributions plus intimes; les époux Mercurin n'étaient pas des avares, mais ils comptaient d'assez près leurs écus; et, pour occuper ses loisirs, Théodule se vit chargé, quand le jeune Marius fut en âge, de lui enseigner les mystères de la lecture et de l'écriture, puis un peu de calcul plus tard, et, peu à peu, enfin, tout ce qu'il savait lui-même.

Le bagage n'était pas gros; mais avec la laïque, cela pouvait suffire à diriger l'enfant dans la voie que lui traçaient ses parents, laquelle devait rapidement le conduire à une jolie aisance, voire même à la fortune sur ses vieux jours.

Il y marchait à grand train, vers cette fortune; mais elle ne suffisait pas à le rendre heureux, car il n'avait, notre cher Marius, aucun des goûts onéreux et frivoles des gens de plaisir du monde.

Non; ses aspirations étaient tout autres; Marius était un simple; c'était un laborieux, honnête avant tout.

Se faire aimer d'une épouse de son choix, élever ses enfants dans l'amour du travail et du bien, laisser à chacun d'eux, en quittant la terre, avec un doux souvenir de ses parents, les moyens de gagner honorablement sa vie, de se créer, comme lui, une respectable famille, d'y perpétuer les vrais principes de l'honneur et le besoin du travail, telle était sa seule ambition.

Mais il n'est pas si facile que cela d'arriver au bonheur!

Marius avait jeté les yeux sur une jeune et belle voisine, chez qui les panonceaux paternels créaient, malheureusement pour lui, comme les armoiries d'une sorte d'aristocratie de plume, et qui aurait cru déroger en accordant sa main à un simple épicier; car dans son aveuglement orgueilleux, la pauvre fille, ayant perdu la notion de certaines distinctions sociales, confondait le vulgaire débitant auquel on donne ce nom, avec le négociant qui exploite les produits d'outre-mer; en d'autres termes, avec le marchand de denrées coloniales.

Certes, de la fille d'un officier ministériel à celui qu'elle appelait un boutiquier, la distance était par trop infranchissable! Ce n'est pas que Mlle Aurélie-Honorine-Denise Toutvenant fût d'un extrême orgueil, ni que ses prétentions allassent au delà d'une raisonnable limite. Ce n'est pas, non plus, qu'elle éprouvât antipathie ou répulsion pour M. Mercurin; au contraire, cette belle, riche et franche nature, ce beau et vigoureux garçon, étaient faits pour lui plaire; mais devenir la femme de son épicier! Jamais!

Marius ne fut donc pas agréé. Ce fut un coup très dur à supporter pour lui, car il avait voué une affection profonde et sincère à sa jolie voisine qui, à ses avantages physiques, joignait les plus aimables vertus, les qualités les plus solides.

Il résolut donc de s'éloigner quelque temps, et de mettre enfin à exécution le voyage depuis si longtemps projeté.

Nous avons dit les raisons qui le poussaient vers l'Afrique; c'est là qu'il résolut d'aller chercher l'oubli de son chagrin.

Qu'est-ce, en effet, aujourd'hui, qu'un voyage en Algérie, avec les rapides et confortables paquebots qui sillonnent la Méditerranée? On y va comme en Suisse ou dans les Pyrénées, et ce sont mœurs nouvelles, pays moins connus, tout aussi accidentés et pittoresques, contrées riches et plantureuses, où l'on peut espérer, au moins dans le Sud, trouver le calme, la parfaite tranquillité et le complet oubli que cherche Marius.

Puis, cette question du Transsaharien qui intéresse de si près l'Algérie; là, chacun doit s'en préoccuper; ce sujet doit défrayer toutes les conversations; Marius pourra s'y éclairer, y entendre les opinions contraires, y juger des vrais intérêts que journaux et brochures touchent, à son gré, d'une plume trop partiale; et, enfin, sans en avoir l'air, recueillir les premières données de son étude Tchad-Niger-Sénégal. Puis, on ne sait pas! On le traverse aujourd'hui, ce désert qui l'attire. Il existe à Tombouctou même des comptoirs européens! Une occasion peut se présenter, et alors...! Qui sait? Ne pourrait-on pas pousser jusque-là?

C'est un garçon indécis que notre Marius; avant de prendre un parti, il pèse longtemps le pour et le contre, réfléchit, hésite, tergiverse avec lui-même, et, enfin, se décide... à remettre au lendemain la résolution à prendre, la nuit devant porter conseil. Mais, une fois la décision prise, l'exécution suit de près, et il devient aussi actif qu'il a été irrésolu.

Et cette fois-ci, c'est bien arrêté. « Dès demain, se dit-il un beau jour, je consulterai Théodule. »

Et le lendemain, tous deux réunis, Théodule retenant à grand'peine les larmes qui cherchent à s'échapper de ses paupières, Marius fortement ému aussi, ils reconnaissent ensemble l'opportunité du voyage.

« C'est un remède héroïque, dit le brave commis ; mais je crois que vous avez raison, patron. Partez sans crainte; vous savez que votre vieux Théodule vous est tout dévoué ; vous savez aussi, mon cher Marius, comme nous vous aimons tous, ma femme, mes enfants et moi ! Écrivez-nous souvent, et revenez-nous bien guéri.

« Ah ! Pourquoi faut-il que vous ayez choisi la seule femme qu'on ne veut pas vous donner ici? Mais l'absence peut beaucoup. Ce n'est pas vous que Mlle Toutvenant refuse ; c'est ce maudit commerce. Elle ni ses parents ne veulent du fournisseur! Qui sait si le grand voyageur, au retour, ne sera pas accueilli plus favorablement, si tant est qu'il veuille encore de l'orgueilleuse fille qui le repousse aujourd'hui? »

Les préparatifs du voyage ne furent pas longs. Tout au contraire du fougueux Tartarin, Marius n'emporte ni armes, ni bagages encombrants. Une seule malle, une valise, quelques billets de banque, une lettre de crédit; en trois jours, tout fut prêt. Une procuration générale laissée à Théodule, il lui adjoignit, comme second, l'aîné de ses fils, qui put faire ainsi ses premiers pas sous la direction paternelle dans la voie du commerce, aux modestes appointements de 50 francs par mois.

Puis, quelques cartes P. P. C. expédiées, sans oublier la famille Toutvenant, de nombreuses circulaires annoncèrent un voyage d'affaires, publiant la procuration donnée à Théodule.

Les adieux furent touchants; le dernier repas, pris en commun dans la famille de l'excellent employé, fut horriblement triste, malgré les efforts de chacun pour dissimuler son émotion.

Enfin, après une nuit péniblement agitée, le cœur bien gros, Marius prit, le lendemain matin, l'express qui, peu d'heures après, le déposait à Marseille, d'où, à midi et demi, un paquebot de la Compagnie Générale Transatlantique l'emportait vers Alger. où allait commencer, pour lui, la série d'aventures que nous allons raconter.

C'était donc l'honnête Marius Mercurin que nous avons laissé traversant, comme une flèche, sur sa désagréable monture, la plaine des Ouled-Salah, au sud de l'oasis de Biskra.

Depuis qu'il a quitté sa ville natale, rien ne lui sourit.

En sortant du port, le paquebot trouva une forte houle du travers qui produisit sur l'estomac de Marius un effet désastreux. Puis un coup de mistral carabiné assaillit le paquebot; la mer grossit encore et les troubles des voies digestives suivirent, chez les passagers, une telle progression que les salons, la dunette, le pont se vidèrent, et que, dans l'entre-pont, l'on n'entendit bientôt plus s'échapper des cabines que plaintes et gémissements, hoquets et pénibles suffocations.

Le lendemain matin, le temps se calma subitement, après qu'on eut dépassé les Baléares. Mais après le déjeuner, le transatlantique fut assailli d'un brûlant vent de sud (siroco ou simoun) qui renouvela les tortures des voyageurs.

La traversée n'avait cependant pas été longue, car trente heures après le départ on apercevait les feux de Matifou et du cap Caxine, puis la belle illumination quotidienne des boulevards couronnés par la blanche réverbération de la ville arabe.

Son premier acte, en arrivant à Alger, fut d'écrire à ses bons amis du pays une longue narration de sa traversée, de ses émotions, du magnifique panorama de la ville vue du large, de son aspect cosmopolite, de sa grande agitation.

Plus tard il décrivait la vaste baie d'Alger et les riantes villas qui l'entourent, l'intérieur de la ville et ses superbes environs, le Jardin d'Essai et ses arbres exotiques,— Mustapha supérieur, le palais d'été, le bois de Boulogne, — la Casbah et la salle du coup d'éventail qui eut pour le dey de si funestes conséquences.

Il narrait, une autre fois, une tournée dans le Sahel jusqu'au tombeau de la Chrétienne par Staouéli, dont il citait la fertile exploitation des trappistes, son retour par la ferme des autruches, où l'on obtient des résultats sérieux de domestication, et par Sidi-Ferruch, où s'élève une colonne commémorative du débarquement de l'armée française en 1830.

En y prenant l'apéritif avec ses compagnons de route, l'un

d'eux obtint un vrai succès de rire, en récitant la prise d'Alger racontée par un Kabyle.

Quand Spanis vinir Algir, facir : Boum ! Boum !
Spanis macache chapar Algir.
Quand Inglis vinir Algir, facir : Boum ! Boum ! Boum ! Boum !
Inglis macache chapar Algir.
Quand Francis vinir Algir, facir : Pan, pan, pan ! tu, tu, tu, tu, tu, rlututu[1].
Francis chapar Algir !!!

Enfin, Marius s'étendait longuement sur la fertile plaine de la Mitidja, si bien cultivée maintenant, témoin de tant de drames et d'événements militaires, ses vignes, ses jardins d'orangers, de citronniers et de mandariniers.

Pendant six semaines, Marius parcourut en tous sens la province d'Alger, poussant à travers le massif de l'Atlas jusqu'à Laghouat, à 456 kilomètres au sud du chef-lieu, à l'entrée du désert.

Cette vie mouvementée, quelque peu fiévreuse même, était pleine d'attraits pour notre voyageur. Sa constante activité, ses déplacements continuels, l'étude de ces mœurs intéressantes et nouvelles pour lui, le panorama de ces régions tantôt d'une merveilleuse fécondité, tantôt d'une aridité profonde, ont produit, sur son état moral, le salutaire effet qu'on en devait attendre.

Un agacement subsiste cependant en lui, et lui cause encore bien des heures d'insomnie. C'est sa marotte; et quand elle le reprend, la nuit, elle trotte en sa cervelle, balayant devant elle les pavots de Morphée.

C'est le Transsaharien!

Partout, avec l'animation méridionale encore augmentée par les ardeurs du soleil algérien, on cause politique, élections, fêtes, colonisation, sauterelles, divorce, vendanges, phylloxera, commission parlementaire, forêts domaniales, etc., etc.

Mais du Transsaharien, pas un mot!

A peine peut-il arracher quelques mots à ses compagnons

1. Air de la *Casquette*.

de table ou de route sur cet intéressant sujet, qui n'a pas l'air de les empoigner du tout.

Une pareille indifférence pour un intérêt patriotique si considérable l'irrite au dernier point; et c'est indigné de l'insouciance de la province d'Alger, qu'il part pour celle d'Oran, où il espère bien trouver plus d'ardeur pour ces colossales études.

Un beau matin donc, il prit le train d'Oran, qui mit treize heures à parcourir les 420 kilomètres qui la séparent d'Alger.

La ville, en amphithéâtre dont les gradins descendent jusqu'à la mer, n'offre qu'un médiocre intérêt. Il remarqua cependant la promenade de Létang, l'une des plus belles du monde, et les jardins magnifiques qui avoisinent la ville.

Marius n'y fit qu'un très court séjour, visita le petit port de Mers-el-Kébir, adossé à de hautes falaises, et partit indigné de ne pas trouver plus d'enthousiasme pour son idée favorite.

Alors il prit un grand parti : parler le moins possible de son entreprise, mais voir plus loin et par lui-même, et recueillir précieusement tout ce qu'il entendra dire, tout ce qu'il aura occasion de lire touchant les intérêts militaires, politiques ou commerciaux, prendre des notes qu'il compulsera au retour, pour en tirer ses conclusions dans le silence du cabinet.

Il se rendit d'abord à Tlemcen par Aïn-Temouchen. La cité a conservé son caractère arabe; les indigènes y travaillent, dans leurs petites échoppes, les cuirs renommés du Maroc, et y tissent ces tapis de laine aux couleurs vives et aux dessins bizarres, si appréciés dans toute l'Algérie.

Le superbe Mechouar ou mosquée de Tlemcen, les ruines grandioses de Mansourah et le caravansérail excitent tour à tour l'admiration de notre touriste, qui, émerveillé de cette partie de son voyage, se décide à pousser jusqu'au petit port de Nemours, à la frontière maritime du Maroc.

Marius s'y reposa deux jours, visitant les hautes falaises découpées de la côte, où se cachent encore les contrebandiers espagnols, faisant un commerce clandestin d'armes à feu et de poudre avec les Arabes et les Marocains; puis il revint à Tlemcen et à Oran par la route de la Moricière et Sidi-bel-Abbès.

En retournant à Alger, il s'arrêta à Relizane, visita le port de Mostaganem, mouillage dangereux par les vents d'ouest, que les navigateurs fuient pour se réfugier de l'autre côté de la baie, au port d'Arzew.

Il entendit parler des ruines de Ténès (l'ancienne Carthénè), en prit un rapide aperçu, et visita les vestiges du village de Gouraya, détruit en 1891 par un tremblement de terre.

Il prit enfin le paquebot pour Cherchel, où il débarqua, et rentra à Alger, tantôt à dos de mule, tantôt en diligence, par la route de la côte.

N'ayant jamais tant couru, il estimait, ignorant de l'avenir, que quelques jours de repos dans la capitale étaient bien gagnés.

La question du Transsaharien n'a pas, il est vrai, avancé d'une ligne dans l'esprit de Marius; mais son voyage a été des plus intéressants et a fait une utile diversion à sa douleur.

Plusieurs lettres du pays l'attendaient à la poste, celles de Théodule exprimant toujours la même affection, le même dévouement inaltérable. Les affaires prospéraient de plus en plus, et l'annonce du voyage d'affaires en Afrique avait été la cause d'importantes commandes; si un tel progrès continuait, on ne pourrait plus, au retour, appeler Marius un boutiquier : il serait devenu un notable commerçant pouvant aspirer aux fonctions de juge, sinon de président du Tribunal de commerce de son arrondissement.

Restait encore à Marius, pour accomplir le programme qu'il s'était tracé, à parcourir la province de Constantine; il avait même décidé de pousser jusqu'à Tunis; nous allons bientôt voir comment son itinéraire fut modifié par des circonstances qui lui firent accomplir un tout autre périple.

Ce fut la voie de mer qu'il choisit pour quitter Alger. Un paquebot de la Compagnie Touache, après une courte escale à Dellys, le déposa à Bougie, pour gagner, par les pittoresques gorges du Chabet, la station de Sétif, sur le chemin de fer d'Alger à Constantine. Au retour de Tunis, il verrait Bône et Philippeville, Tizi-Ouzou, Fort National, etc.

De Sétif à Constantine, le pays qu'on traverse est dénudé,

misérable, presque dépourvu de toute végétation. L'œil est d'autant plus péniblement affecté, qu'il passe, presque sans transition, des merveilles du Chabet à cette aridité.

Constantine, l'ancienne Cirta, fut longtemps la capitale de la Numidie; elle doit son nom à l'empereur Constantin qui la réédifia.

C'est une étrange situation : un ravin taillé à pic, comme d'immenses fortifications naturelles, isole la ville de toutes parts, sauf à l'ouest, où elle n'a même d'autre communication avec l'extérieur qu'une très étroite bande de terrain qui, moins abrupte, offre encore une pente fort inclinée. Sur tout le reste du pourtour, un torrent impétueux, le Rummel, creuse son lit à travers de sombres gouffres où il disparaît pour se précipiter, à leur sortie, sur les obstacles qu'il franchit en bondissant, et formant de belles cascades au pied de la Casbah.

Il résulte de cette disposition qu'on ne peut avoir accès dans la cité que par une petite passerelle qui traverse l'abîme, par le pont du chemin de fer et par le terre-plein qui, réunissant les deux bords du précipice, a seul permis à nos troupes d'ouvrir la brèche par laquelle elles entrèrent à Constantine au mois d'octobre 1837 sous le commandement du général Vallée

Depuis 1890, un chemin de fer relie Constantine à Biskra. Notre Marius se laissa tenter par cette nouvelle facilité de locomotion. Malheureuse décision qui eut pour lui de graves conséquences! Biskra lui réservait une providentielle surprise, et devait être pour lui le point initial d'un parcours imprévu et l'origine des terribles aventures que nous allons voir se succéder dans le cours de ce véridique récit.

Marius s'était trouvé à califourchon.

CHAPITRE II

LE MARCHÉ DE BISKRA

Depuis son départ de Bougie, Marius Mercurin n'avait fait qu'un court séjour à Constantine, se couchant tard pour connaître tous les aspects de la ville, et se levant dès l'aube pour être, avant la chaleur, de retour de ses excursions.

Le trajet de Constantine à Biskra n'avait pas été pour le reposer; aussi, un peu surmené qu'il était, il se fit servir un léger repas en arrivant à l'hôtel, se mit au lit et s'endormit d'un sommeil profond jusqu'au lendemain matin.

Il fut réveillé de très bonne heure par une tumultueuse agitation de la rue, des cris d'âniers et de chameliers, des beuglements et des bêlements de troupeaux, des claquements de fouets dominant le sourd bourdonnement de la foule en mouvement.

C'était jour de grand marché.

En quelques minutes, Marius fut debout et équipé, ne voulant rien perdre de ce curieux spectacle. Une bonne nuit l'avait complètement remis; il avait vraiment bon air dans son costume de flanelle écrue, le chef couvert d'un casque en moelle de sureau d'une blancheur éclatante, garni d'un voile vert, le bas du pantalon serré dans des guêtres de cuir jaune, et la sacoche en bandoulière, renfermant, avec sa provision en espèces, sa lettre de crédit, d'excellents cigares, un briquet, un joli petit revolver de poche, bijou à crosse d'ivoire, toujours chargé, et quelques cartouches de rechange, pour les cas possibles de mauvaises rencontres.

En prévision d'une absence de quelques jours, un léger sac au dos, contenant un costume, des chaussures et du linge, quelques ustensiles, accessoires obligés d'une halte, et les éléments d'un copieux repas de chasseur, une excellente jumelle et une gourde remplie d'une bonne eau-de-vie de marc, en sautoir, complétaient avec une fine canne à épée son accoutrement de touriste.

Il n'eut qu'à suivre la foule pour arriver au champ de foire. Des deux côtés, la route était bordée de mendiants infirmes, étalant leurs plaies, et de trouvères arabes accroupis, célébrant par une monotone complainte rythmée à coups de tambourin les quatre-vingt-dix-neuf vertus de Mahomet. Plus loin, des bateleurs, au son de la cornemuse, exécutaient leurs tours de dislocation, suivis d'une quête pour leur marabout. Puis c'était un *tobib*, ou médecin arabe, sous une tente entr'ouverte, donnant en public ses soins et ses consultations, faisant ses aspersions et ses exorcismes.

Sous les carrés de hauts dattiers qui séparent Biskra en ville européenne, village nègre et ville arabe, sont étendus les éventaires de marchands de légumes où domine l'oignon, de fruits de toute espèce, dattes, oranges, citrons, amandes, grenades, figues de Barbarie, pêches, abricots, melons verts, pastèques, courges, etc.

Parmi ces boutiques foraines, sont disséminés de petits restaurants en plein vent, débitant le café parfumé, le couscoussou, des portions de pois chiches, de salade, de petits carrés de mouton grillé, et, pour les gourmets, d'épaisses galettes en forme de plat creux, où l'on poche des œufs, des pâtisseries au miel frites dans cette horrible huile kabyle au goût rance et fort, si appréciée des Arabes.

Et derrière tout cela, le caravansérail entouré du marché aux bestiaux.

Un jeune Biskri, lui servant d'interprète, pilotait Marius, lui expliquant chaque chose.

Après s'être fait servir sur la pelouse des œufs, un plat de couscoussou au poulet et une tasse de café, Marius, conduit par son guide, alla jeter un coup d'œil sur la place réservée aux bestiaux.

Près de l'entrée ruminaient, debout ou couchés, nombre de chameaux de tous âges, de toutes tailles et de tous prix, les uns maigres et pelés, fatigués d'un excès de travail, de vieilles bêtes usées, d'autres en état plus ou moins parfait d'entretien, des chamelles avec leurs petits, et enfin quelques *mehara*, parmi lesquels se faisait remarquer une superbe bête au poil bien lustré, à la bosse pleine, l'œil brillant, paraissant dans toute la vigueur de l'adolescence.

« Priné garde, mosié, pit-être li mordir[1], lui dit, en son sabir, le jeune Biskri, retenant la main que Marius étendait pour caresser le front du bel animal.

— Macache mordir ; bono, bono, dolce, répond le chamelier. Ti n'as pas peur, sidi, ti pé li touchir; macache mordir[2].

— Oh! la superbe bête, dit le brave Marius. Est-ce que tu viens de loin avec lui?

— Macache sabir; granchambite porté li fourriera. Alors li vendi, ji li troki pour li vendir encore. Li bono besef, sidi; courir pli vite li chimin di fer; li dolce, bono besef[3].

— Et à propos de quoi le garde champêtre l'a-t-il mis en fourrière? dit Marius, appuyant le coude sur le sommet de la bosse

1. Prenez garde, monsieur, il mord peut-être.

2. Il ne mord pas; il est bon et doux. N'aie pas peur, monsieur, tu peux le toucher; il ne mord pas.

3. Je ne sais pas; le garde champêtre l'a conduit à la fourrière. Alors on l'a vendu, je l'ai acheté pour le revendre. Il est tres bon, monsieur; il court plus vite que le chemin de fer; il est tres doux et très bon.

de l'animal qui, tournant la tête vers lui, le regardait d'un œil intelligent et doux.

— Li maître morto, sidi! Macache payer mercanti; Joudjidibi donné carta pour li vendir[1]. »

Comme un enfant, Marius éprouvait un vrai plaisir à caresser la bonne bête. Pour causer plus à son aise, il s'était d'abord assis sur le train d'arrière de l'animal, puis une jambe avait franchi l'épine dorsale, et il s'y était trouvé à califourchon. Le chameau, peu habitué à de telles façons, continuait à le regarder d'un œil étonné, tournant la tête alternativement à droite et à gauche, en laissant sortir de son gosier ce grognement habituel à ses congénères, qui ressemble à une protestation, et fait les Arabes dire de quelqu'un qui exprime son mécontentement par des murmures inintelligibles, qu'il parle chameau.

Marius avait passé autour de son bras la lanière de cuir qui entourait la poignée de sa canne à épée, et caressait la bosse de l'animal, qui prit sans doute ces petites tapes amicales pour une invitation de se lever. Ce fut un mouvement de tangage si brusque, que Marius surpris et effrayé poussa un cri, en empoignant instinctivement, pour ne pas tomber, la touffe laineuse que possède tout mehari[2] au sommet de la bosse. En même temps, le bâton, pendant libre à son poignet, battait légèrement les flancs du coursier. Par une fatalité terrible, l'anneau de corde qui, selon l'usage[3], maintenait replié l'un des membres antérieurs du chameau se rompit, et la monture s'élança en avant aux cris effrayés de Marius; à mesure que la frayeur augmentait, les cris redoublaient et devenaient de plus en plus perçants; l'animal, excité tant par eux que par la canne ballante, allongeait son allure; il disparut bientôt dans la campagne, à l'ébahissement de son propriétaire et au grand amusement des badauds de toute race et de toute couleur.

Tous les journaux de l'Algérie ont raconté l'anecdote d'un

1. Son maître est mort, monsieur! Il n'a pas payé un marchand, et le juge de paix a donné un papier pour le faire vendre.

2. Mehari, au singulier; mehara, au pluriel.

3. C'est l'entrave accoutumée pour les empêcher de fuir ou de vagabonder.

C'était notre Marius.

touriste emporté de Biskra vers le sud de toute la vitesse d'un chameau sur le dos duquel il s'était imprudemment perché. Le chameau et sa victime ont-ils péri dans les solitudes du désert? Ont-ils été pris par les Chambas ou autre tribu nomade insoumise? Le cavalier a-t-il été réduit en esclavage ou a-t-il été massacré?

Les journaux n'en ont plus reparlé.

C'était notre Marius qui courait ainsi à travers l'immense plaine, secoué par les allures dégingandées de sa rapide monture, comme un sac attaché par des liens trop lâches.

La première frayeur passée, il n'a plus vu que le grotesque de son aventure; cette course ne peut durer longtemps, pense-t-il; et par de douces paroles il s'efforce de calmer l'ardeur du coursier. Mais la malencontreuse canne à épée pend toujours à son bras, et continue de frapper les flancs de l'animal de coups d'autant plus précipités et plus violents que sa vitesse s'accélère; et la vitesse s'accélérant en raison de la force et de la rapidité des coups, il n'y a pas de raison pour que cette course folle se ralentisse. La fatigue seule de l'animal pourra lui faire prendre fin.

La bête est affolée. Ah! l'Arabe n'a pas trompé Marius! « Courir pli vite li chimin di fer. » Et ni stations ni arrêts!

La plaine défile toujours. Marius et le chameau traversent de fertiles oasis, des bouquets de palmiers, de riches cultures, franchissent les arides espaces qui les séparent; ils passent les ruisseaux, les torrents desséchés, pataugent dans des marais saumâtres, s'élancent dans des plaines de sable à la courte végétation brûlée, où commence la flore saharienne, déployant les pâles couleurs de ses pétales.

Sur ce fond gris et sombre défilent, avec une vitesse vertigineuse, de rares plaques brillantes de fleurs éclatantes parsemées, dans les fonds humides, comme les bouquets bariolés des tapis de Smyrne aux vives couleurs plaquées sur les teintes neutres qui les font ressortir.

Ce n'est plus l'Algérie, ce n'est pas encore le désert.

Depuis des heures, la monture de Marius court sans hésiter

jamais, comme vers un but connu, suivant la piste laissée par les caravanes d'Ouargla et de Tougourt, contournant les nombreuses lagunes saumâtres, aux bords couverts d'efflorescences salines, qui avoisinent les chotts, ou filant comme un trait vers le sud à travers les plaines de sables couvertes de chardons et de palmiers nains, avec cette âpre végétation rabougrie spéciale à la zone des dunes qui commence à s'annoncer par des ondulations de terrain encore peu élevées, semblables tantôt à la longue houle de l'océan pendant le calme qui suit la tempête, tantôt au court clapotis de la Méditerranée pendant une bourrasque.

Les ossements des bêtes abandonnées par les caravanes tranchent par leur blancheur sur la surface fauve de la région, et de grands vautours blancs et noirs déchirent les cadavres encore garnis de chair, regardant, sans bouger, passer le rapide cavalier, ou se levant d'un vol lourd sous les pieds de sa monture.

Un chameau peut fournir d'une traite des courses incroyables; mais il lui faut un jour de repos sur deux. On a vu des courriers franchir à mehari deux cents kilomètres du lever au coucher du soleil, et renouveler plusieurs fois cet exploit de deux jours l'un.

Et du train qu'elle allait, la bête de Marius eût certes fourni une pareille étape si la Providence n'eût voulu que, dans son extrême fatigue, les cris de Marius, si aigus au départ, se fussent changés en de sourdes exclamations, puis en de vagues plaintes, en de courtes onomatopées, pour devenir de rauques gémissements de détresse, puis de pénibles râles semblables au cri guttural que poussent les Arabes pour faire arrêter leurs chameaux, et qu'on pourrait écrire ainsi :

Arrh! Arrh! Arrh!

Et cela, juste au moment où se dressaient vers le ciel les stipes couronnés de palmes et de régimes de hauts dattiers entourant le bras gigantesque de Bir-el-Askar[1], où s'arrêtent

1. Le Puits du Soldat.

quelquefois les voyageurs qui remontent à Biskra isolés, en troupes ou en caravanes, ou ceux qui descendent de Biskra vers le sud.

Subitement la bête s'arrêta, avec un grognement de satisfaction et une si rude réaction que Marius, épuisé de fatigue et d'émotions, fit une gigantesque pirouette et alla tomber sans connaissance à quelques mètres en avant de sa monture sur un épais gazon entretenu par la fraîcheur de l'humide oasis.

« Té, mon bon ! ne vous gênez plus ! »

CHAPITRE III

LE DÉSERTEUR

Depuis combien de temps Marius avait-il perdu l'usage des sens ?

Déjà le soleil dominait l'horizon, lorsqu'il fut rappelé au sentiment par un contact humide et froid au visage, suivi d'un souffle puissant qui, par la rétraction subite des nerfs, par un rapide mouvement réflexe, le plaça d'un bond sur son séant, comme l'eût fait un courant galvanique, avant qu'il eût pu se rendre compte de ce qui se passait.

Une violente douleur à la tête et une courbature générale lui prouvèrent que la vie subsistait bien en lui ; un infernal concert compléta cette quasi-résurrection, et Marius se trouva face à face avec un élégant bourricot qui, la queue raidie, le cou tendu et les flancs haletants comme le soufflet d'un accordéon, célébrait par son éclatante fanfare la résurrection de notre héros.

Il fallut à Marius quelques instants pour se remettre ; outre les douleurs provoquées par sa folle chevauchée et par sa chute, il ressentait une extrême faiblesse, causée tant par la perte du sang échappé d'une blessure à la tête, que par la grande fatigue et le besoin de nourriture.

D'abord, il s'assura qu'aucun membre n'était brisé, et sentant sa gourde sous sa main, il en dévissa le bouchon, porta le goulot à sa bouche et but une large lampée qui, ramenant la chaleur à l'estomac, ne tarda pas à rétablir la circulation ralentie, à ranimer ses esprits et à rendre quelque vigueur et un peu d'élasticité à ses membres endoloris.

Le malheureux ne songea qu'ensuite à remercier, dans une courte oraison mentale, le ciel qui, dans de si grands dangers, avait conservé son existence.

En face de lui, le bourricot le contemplait; et à quelques pas de là, le trop rapide mehari savourait à pleine bouche le gras pâturage qui tapissait le sol. Puis, entre les deux bêtes, Marius aperçut une paire de jambes horizontalement allongées, indiquant la présence d'un être humain caché derrière un buisson de lentisques.

Avec quelque difficulté, et non sans de vives douleurs, Marius se leva, s'arma du revolver de sa sacoche, et fut fort étonné quand il se trouva debout, de ne plus sentir sur son dos le poids accoutumé de son sac de voyage.

A pas de loup, et faisant un détour pour n'être pas aperçu, il marcha sur le buisson, pendant que l'âne reprenait tranquillement son repas interrompu près de son bossu compagnon.

De derrière les lentisques, Marius put contempler un drôle de petit bonhomme, se livrant à une singulière occupation. Il était vêtu à la mode arabe, à cela près qu'un noir turban, des bas bleus et des souliers à talon annonçaient qu'il était de religion israélite; son signalement ne démentait pas cette apparence : petit et maigre, légèrement bancal, barbe rare et cheveux d'un roux foncé, petits yeux gris brillants, percés en trou de vrille, nez en bec de corbin, bouche largement fendue, mains sèches et longues aux doigts crochus, pieds énormes,

Marius se trouva face à face avec un bourricot.

l'eussent suffisamment désigné comme juif algérien, si son costume ne se fût déjà chargé de ce soin.

Entre ses jambes ouvertes en V étaient étendus à terre les ustensiles de toilette et de voyage du sac de Marius; une de ses mains tenait une petite balance, et le juif pesait les couvercles en argent des pots et des boîtes de cristal contenant les poudres, les savons et les pommades de son nécessaire de toilette; la timbale, la fourchette et la cuiller de même métal passèrent ensuite dans le plateau; chaque pesée était soigneusement enregistrée sur un portefeuille graisseux où Marius put, de sa place, lire la liste entière des objets composant son paquetage.

Le juif ne l'avait pas entendu venir et continuait tranquillement son recensement, sans se douter qu'il fût ainsi observé. Quand l'inventaire fut fini, le tout soigneusement replié, ramassé et le sac rebouclé, le petit bonhomme se leva, passa une des courroies à l'épaule et, d'un air fort satisfait, fit un pas en avant, lorsqu'une voix vibrante le cloua immobile et tremblant sur le tronc d'un palmier auquel un grand bond en arrière venait de l'adosser.

« Té, mon bon! ne vous gênez plus! Si vous voulez encore la gourde et la jumelle, il faut le dire! Puis-je aussi vous offrir ceci? dit Marius, l'œil brillant de colère, en présentant au malheureux israélite la bouche de son petit revolver armé.

— Par le Dieu d'Israël! Pardonnez-moi, monsieur. Je ne suis pas un voleur, et vous croyais bien mort; car depuis votre affreuse chute d'hier vous n'avez pas donné signe de vie. »

Et déposant à terre le sac de Marius, qui abaissa son arme :

« Non, monsieur, j'en jure par le prophète Élie, jamais je n'eusse songé à dépouiller un vivant. Qu'Abraham, Isaac et Jacob m'en soient témoins, j'ai tout fait pour vous rappeler à la vie. Voyez vos vêtements encore défaits; longtemps je vous ai frictionné la poitrine, espérant rappeler la chaleur et rétablir la circulation. Voyez ces traces de feu près du lieu de votre chute! Rien n'a fait, et plus je frictionnais, plus vous deveniez froid et raide. Ah! j'ai bien cru tout fini, monsieur. Non, non; je n'aurais jamais rien pris à un vivant. Mais pourquoi laisser tout cela pourrir dans le désert ou devenir la proie de quelque indigne musulman? Que Jéhovah et les prophètes soient bénis, puisque mes soins n'ont pas été inutiles, et que vous voilà rappelé à la vie!

— Assez, bon Dieu, assez, bavard! Puisque me voilà sur pieds, tout est bien, quoique je sois grandement endommagé. Mais j'ai une faim de loup, et je casserais bien une croûte. N'y a-t-il pas quelque auberge par ici?

— Oh! puissant Israel! que demandez-vous là, monsieur? Une auberge, ici! dans le désert!

— Comment, dans le désert! voilà deux fois que vous prononcez ce mot. Je suis dans le désert? Et tout ceci, morbleu! des arbres, de l'eau, de l'herbe, est-ce aussi le désert?

— Oui, monsieur, oui, monsieur! c'est aussi le désert. C'est une toute petite oasis entretenue par l'humidité du puits dont vous voyez là-bas le grand bras se dresser vers le ciel. On ne trouve ici que de l'eau et quelques dattes dans la saison. Aucune autre ressource. Heureusement, monsieur, j'ai là quelques provisions, et je puis vous offrir un maigre repas : du biscuit de mer, des figues et des dattes; c'est tout ce que je possède. Mais comment donc êtes-vous ici, monsieur, sans savoir où vous êtes?

— Tout à l'heure, tout à l'heure, mon brave, nous parlerons de ça; vous me direz aussi comment je vous trouve ici, tout seul. Pour le moment, je meurs de faim, et j'accepte votre offre avec reconnaissance; vous me permettrez seulement de contribuer au festin. Ouvrez mon sac, car je suis moulu; vous y trouverez du pain et des conserves, avec un flacon de vieux vin.

— Que les juges et les rois d'Israel intercèdent pour moi! Votre pain, monsieur! je vous croyais bien mort! Ah! Jérémie, Jéthro, Joathan, Jéroboam, Jéchonias et Jézabel!...

— Que de J, que de J! assez de jérémiades! Tu as mangé mon pain, gourmand. Eh bien, tu me le payeras en dattes et en biscuit. Et le foie gras, les sardines et le saucisson? Les as-tu mangés aussi?

— Non, monsieur; les sardines seulement; j'ai conservé le reste.

— C'est encore bien heureux! Ah! c'est vrai; la loi de Moïse vous interdit l'usage du porc. Tu as épargné le saucisson, et pris le foie gras pour du foie de cochon! Eh bien, tant mieux; sans cela, j'eusse fait un maigre repas, pour un homme affamé. Allons, mets presto le couvert, avec mes victuailles, ton biscuit et tes dattes. »

Les apprêts du festin ne furent pas longs. Une sage parcimonie y présida, et quand Marius, non encore rassasié, voulut se récrier :

« Savez-vous bien, monsieur, qu'il vous faut plusieurs jours pour rejoindre Biskra, car je vois bien, à vos faibles provisions, que vous n'allez pas dans le sud; il n'existe aucun village, aucun gourbi, à bien des lieues à la ronde, et pendant bien des jours vous pourriez rester ici sans voir visage humain. Nous ne sommes pas sur la route habituelle des caravanes; les voyageurs isolés y sont rares, et vous n'avez que bien peu de vivres. Ménagez donc, monsieur, ménagez. Demain, moi je reprends la route du sud; je serais parti ce matin sans votre rencontre. C'est à peine si je puis vous donner une demi-douzaine de galettes de biscuit et une poignée de dattes. Car, voyez, voici toutes mes ressources, et j'en ai pour plusieurs jours avant de rejoindre la caravane d'Ibrahim, surtout après ce retard imprévu. »

Et, ce disant, le juif montrait deux couffins chargés, l'un de dattes, l'autre de figues, de biscuit de mer et d'une pochette de café. C'était, avec un long paquet, la charge du bourricot.

« Cependant, mon bon ami, j'étais hier matin à Biskra, et j'arrivais ici hier soir : la distance n'est donc pas si considérable !

— Oh! monsieur; votre chameau a de longues jambes; c'est une bête de race. A vous voir arriver, j'ai bien compris que ce n'était pas de votre plein gré qu'il vous menait ici, et je doute que vous puissiez le conduire, si même vous pouvez le monter. Essayons, du reste, et vous verrez. »

Tous deux, munis de cordes sorties du paquet de l'israélite, approchèrent alors de l'âne et du chameau paissant en liberté. L'âne se mit à braire, et, après plusieurs pétarades, se laissa prendre sans trop de peine. Mais le chameau, dès qu'on l'approchait, s'éloignait en quelques longues enjambées, regardant ironiquement Marius et son compagnon, et il fut bientôt évident qu'ils ne parviendraient jamais à l'atteindre, à moins d'user de ruse.

Puis la fatigue de la veille enlevait à Marius sa grande agilité, et le souvenir de son voyage n'était pas de nature à lui faire désirer une seconde expédition semblable.

Bientôt donc il s'arrêta, et pensant au caractère mercantile de son compagnon :

« Je vois, mon bon ami, que vous avez raison! et si nous reprenons l'animal, je ne me soucie plus de me servir de lui comme monture. Écoutez-moi donc bien. A nous deux, en tendant des cordes pour lui barrer la route, en faisant des barrières de broussailles et de feuilles de dattiers, avec de la patience, nous finirons bien par nous en emparer. Alors je vous offre un échange. L'animal a bien plus de valeur que votre bourricot; mais, comme je ne saurais m'en servir, donnez-moi l'âne et prenez le chameau. Vous pourrez le troquer avec avantage, quand vous aurez rejoint cet Ibrahim dont vous me parlez; et l'âne m'aidera à retourner à Biskra.

— Hélas! hélas, monsieur! je ne puis accepter, car je ne saurais pas plus que vous conduire un chameau. Il faut une grande habitude pour cela, et je n'ai jamais essayé. Non, monsieur, il n'y faut pas songer, et je crois qu'il ne vous faut compter que sur vos jambes pour monter à Biskra; vous pouvez arriver en quatre jours aux premiers gourbis, où vous trouverez l'hospitalité. Surtout n'oubliez pas, la nuit, de vous entourer de grands brasiers pour éloigner les fauves, car, quoique le lion soit rare, il ne manque pas de panthères et d'hyènes.

« Mais, si vous le voulez bien, monsieur, pour fêter notre rencontre, je ferai une tasse de café; je n'en ai pas beaucoup, mais je l'offre de bon cœur, et, si ce n'est pas être trop curieux, je vous demanderai, en le dégustant, de me dire par quelle suite d'aventures vous êtes ici, dans un tel équipage. »

Et, sans plus attendre, il fit un feu des côtes sèches de feuilles de palmier et, dans un petit coquemar sorti de son paquet, mit à bouillir, à la mode arabe, une pincée de poudre de café, avec quelques dattes pour le sucrer.

Quelques instants après, Marius, dans sa timbale d'argent, et le juif dans une boîte de pois de conserve transformée en gobelet, sirotaient lentement le noir breuvage à l'arome exquis, pendant que notre Méridional racontait avec volubilité au fils d'Israel son arrivée à Biskra, sa visite au marché, son enlèvement et sa course échevelée.

« Et maintenant, conclut Marius, à votre tour, mon bon ; je ne sache pas qu'il soit d'usage de courir le désert seul avec un bourricot, et je flaire aussi quelque aventure dans votre voyage isolé.

— Par Jéhovah ! monsieur, je suis une victime des cruels Philistins ! Pardon, monsieur, je veux dire des Français.

— Merci, mon bon ami !

— Pardonnez-moi, monsieur; mon sort est si triste, que ma tête se perd ! Nous étions déjà bien assez malheureux avant qu'une loi barbare nous eût imposé le service militaire.

— Mais enfin, n'est-ce pas de toute justice qu'on exige de vous les mêmes charges que des autres citoyens, puisque vous êtes maintenant électeurs et éligibles ?

— Dieu d'Israël ! je n'ai pas demandé, moi, à être électeur ; et qui voudrait élire un pauvre mesquin de revendeur gagnant à peine sa misérable vie ?

— Eh ! malheureux, si nos paysans, qu'on a tant de peine à déranger pour les faire voter, tenaient le même langage, où prendrions-nous nos soldats ?

— Je n'en sais rien, monsieur ! Tout cela peut être fort juste, mais moi, je n'ai pas pu. C'était trop de fatigue; je suis bon marcheur, c'est vrai ; mais le sac et le fusil ! Et puis, toujours puni parce qu'on est mal ceinturé, qu'il manque un bouton à vos guêtres, que le turban n'est pas roulé assez serré, que les souliers ne sont pas cirés.... Et le samedi[1], monsieur, il faut faire l'exercice et monter la garde comme les autres jours! Enfin, ne va-t-on pas jusqu'à nous obliger, une fois par mois et en expédition, à manger l'immonde viande salée du porc, et même, chaque jour, à nous nourrir de viande de bœufs abattus contrairement au rite? Je n'ai pas pu rester, monsieur, et je me suis sauvé jusqu'ici pour aller à Ghrat[2], où j'ai de la famille.

— Fichtre! vous n'êtes pas rendu, et vos vivres me paraissent bien courts aussi pour un pareil trajet.

— C'est bien vrai, monsieur, mais je compte rejoindre promptement des amis qui voyagent avec Ibrahim. Voici donc mon histoire :

« Ennuyé, fatigué du métier de soldat, j'avais résolu de déserter, et depuis quelques jours j'attendais une occasion, quand j'appris, au rapport, que je serais le lendemain de garde à la porte de Biskra. Je prévins immédiatement l'un de mes cousins, marchands de légumes et de fruits à Biskra. Il approuva ma résolution, et il fut décidé que le lendemain, après ma faction de nuit, je dirais adieu au 5e zouaves.

« Je prenais ma faction à une heure du matin, au moment où un israélite sortait de la ville avec le bourricot que voilà. Dès que je pensai le caporal endormi, je m'éloignai rapidement, et ne fus pas long à rejoindre mon cousin. Derrière un buisson, je quittai l'uniforme pour reprendre mon costume habituel, et fis, dans une toile apportée tout exprès, le paquet que vous voyez avec mes effets militaires, mon sac et mon fusil. Dans mon sac j'ai mes treize paquets de cartouches, de telle sorte que, quand j'aurai depassé les établissements français, je pourrai m'armer sans crainte d'être arrêté. Mais d'ici là il faut que je passe inaperçu; j'évite les routes fréquentées, de

1. Le sabbat, jour de repos que les juifs observent tres religieusement, cuisant même leurs aliments la veille, pour n'avoir à faire ni feu ni cuisine ce jour-là.

2. Au sud-ouest de la Tripolitaine.

crainte des gendarmes, et je compte rattraper dans quelques jours la caravane, après qu'elle aura passé Tougourt pour marcher sur Ghrat par Ghardamès, en évitant Ouargla.

« J'ai des amis parmi mes coreligionnaires qui suivent Ibrahim, et je suis sûr de trouver auprès d'eux bon accueil, car j'ai quelque crédit à Ghrat. Ibrahim est un brutal, un grossier qui ne nous aime pas ; mais il connaît son intérêt, et nous ménage à raison du besoin qu'il a de nous. Ses affaires ne sont pas brillantes ; il sait qu'un mot de nous peut le ruiner, car nos correspondants sont tout-puissants là-bas. Je serai d'abord mal reçu de lui ; mais je ne le crains pas ; il n'ignore pas que je puis lui être utile, tandis que de mauvais procédés à mon égard seraient rapidement suivis de sa ruine.

« Aussi, monsieur, demain matin je vous quitterai pour continuer ma route. J'ai de longues étapes à faire ; mais comme Ibrahim doit s'arrêter à Tougourt, je le rejoindrai d'autant plus facilement que je prends à peu près la ligne droite, tandis qu'il fait un long crochet pour aller à El-Ouad, où il veut, je le sais, tenter un coup de commerce. La piste est marquée de puits en puits par les traces des petites caravanes qui prennent par ce raccourci, et j'attendrai Ibrahim à Bir-Ouled-Alenda, où il s'arrêtera certainement pour renouveler sa provision d'eau. La route est facile jusque-là ; j'ai assez de vivres pour y arriver, et j'espère bien, d'ailleurs, faire quelques petites affaires en route, avec mes effets d'ordonnance.

« Alors je traiterai avec lui, et suis sûr qu'il m'admettra dans sa caravane. Et puis, je pourrai, s'il le faut, lui donner mon fusil et mes cartouches. »

Le juif avait longtemps parlé sans être interrompu.

Nous avons fait grâce au lecteur de toutes ses exclamations et de ses invocations.

Maintenant Marius, qui l'avait attentivement écouté, réfléchissait, profondément absorbé par de graves pensées.

Une occasion peut se présenter, s'était-il dit avant de quitter sa ville natale; et alors, qui sait?

La voilà, l'occasion! Faut-il en profiter? Terrible perplexité! Jusqu'ici son voyage a été bien moins onéreux qu'il ne l'avait pensé, et sa lettre de crédit est là intacte dans sa sacoche.

Peut-être pourrait-il l'escompter parmi les amis de son compagnon, et se faire admettre, par son entremise, dans la caravane d'Ibrahim, pour aller jusqu'à Ghrat, qui est sur la route du Tchad.

Puis la perspective de revenir tout seul à Biskra, la crainte des fauves que lui a soufflée le petit juif, tout cela agite fiévreusement sa cervelle, car ce n'est pas un Tartarin, que notre Marius!

Enfin, n'est-ce pas un messager du destin que ce chameau qui, malgré lui, l'a conduit vers ce juif se rendant à Ghrat, et pouvant faciliter son admission dans la caravane qui y descend?

Le sort en est jeté! Marius a héroïquement pris son parti : il relève tout à coup la tête, regarde bien en face l'israélite étonné de son long silence et subitement effrayé de son exaltation, de son air inspiré, de son œil brillant, de sa face agitée.

« Si j'allais avec vous, hein? »

Silence consterné de Mardochée qui croit que sa chute a troublé les facultés mentales de Marius.

« Hein? si j'allais avec vous? »

— Oui, mon ami, reprend Marius après un moment de silence, j'ai bien envie de vous accompagner. Ce n'est pas si fou que cela paraît, et puisque vous allez à Ghrat, j'y puis bien aller aussi.

— Vous dites que, moyennant finances, le dénommé Ibrahim vous acceptera dans sa caravane; ces finances, vous ne les avez pas, et vous comptez sur l'appui de vos coreligionnaires pour trouver place parmi eux, avec le boire et le manger. Eh bien, moi, je les ai, les fonds qui vous manquent, ou du moins je puis me les procurer avec votre aide. Vous connaissez, n'est-ce pas, les papiers de commerce? Voyez cette lettre de crédit! Croyez-vous que parmi les israélites que vous allez rejoindre il s'en trouve un qui fasse fond sur cette garantie, et qui m'avance le prix demandé par Ibrahim, ou consente à me servir de caution?

« Si vous avez, comme vous le dites, quelque influence sur eux, usez-en en ma faveur, et je mets mon crédit à votre disposition.

— Oh! cela vaut de l'argent, monsieur, et vous permettra d'en trouver sans peine à Ghardamès ou à Ghrat. Passons donc un marché, et je me charge de votre admission dans la caravane.

« Je connais bien la route jusqu'à El-Ouad, mais je crains d'y être reconnu par les *ghoums*[1] ou par les gendarmes qui y sont souvent en tournée; aussi m'arrêterai-je à Bir-Ouled-Alenda; j'y attendrai Ibrahim à son retour d'El-Ouad, où je sais qu'il doit aller en revenant de Tougourt, pour faire quelques affaires avec les Chambas nomades, et je continuerai avec lui ma route dans le sud.

« Avant de quitter le régiment, j'ai bien étudié le chemin, allez! Je ne crains pas de me tromper; la piste est facile et jalonnée d'ossements : l'eau ne manque pas, nous en trouverons à Ain-Kerma, à Bir-Touil, à Bir-Abd-el-Kader, à Mouïat-el-Kaïd[2] et à Bir-Ouled-Alenda; les deux premières étapes sont un peu longues, de 40 à 50 kilomètres, mais nous aurons le temps de nous y reposer, ainsi qu'à Mouïat-el-Kaïd, qui est à 86 kilomètres de Bir-Ouled-Abd-el-Kader.

« Je suis donc votre homme, si vous voulez, monsieur; mais vous savez le proverbe : les bons comptes font les bons amis. Rédigeons, je vous prie, un petit écrit; j'ai là tout ce qu'il faut.

— Parfaitement, mon brave, parfaitement! Rédigez pendant que je fumerai un cigare. »

Et tandis que Marius, récapitulant en lui-même les vicissitudes par lesquelles il venait de passer, parcourait, en fumant

1. Volontaires irréguliers qui se livrent à la poursuite des malfaiteurs et des déserteurs, pour gagner la prime de capture.

2. *Ain*, « fontaine ». — *Bir*, « puits ». — *Mouïat*, « source ».

la petite oasis qui l'avait si brutalement reçu, le juif minutait un contrat qui devait lier leurs destinées.

Souffrant encore de tous les membres, Marius n'était cependant pas sans appréhension sur l'effet de sa courbature pendant les premières étapes, un peu longues, au dire de l'israélite ; mais il se savait intrépide marcheur, et la faculté de placer son sac et ses autres accessoires sur le dos du baudet le décidait à tenter l'aventure. Il faisait lentement les cent pas, développant ses muscles par un exercice méthodique et modéré, propre à leur rendre leur élasticité, lorsqu'il s'entendit appeler par le timbre nasillard de son compagnon d'infortune

« Voici, monsieur; je crois que ceci peut vous convenir; mes conditions ne sont pas exorbitantes; vous m'avez plu tout d'abord, et vous verrez que je ne veux pas vous écorcher, malgré notre réputation de rapacité. »

Et il présenta à Marius, sur un papier graisseux, un projet de contrat par lequel le sieur Mardochée ben Chloumou[1] s'engageait à conduire M. Marius Mercurin à Ghrat par Ghardamès, à le servir fidèlement comme domestique pendant la durée du voyage, à raison de trois francs par jour, l'eau et la nourriture. Par le même contrat, il vendait à Marius son âne avec sa charge, pour le modique prix de 500 francs, sur lequel il se contentait d'un honnête bénéfice ne dépassant guère 100 pour 100.

Ledit Mardochée s'engageait, en outre, sous peine de déchéance des sommes acquises, et pour un courtage de 100 francs, à faire admettre M. Mercurin dans la caravane du nommé Ibrahim ben Hadj Yaya, dès sa rencontre, moyennant prix à débattre entre eux, tant pour l'escorte que pour l'eau et la nourriture de lui, Marius, de son domestique et de ses animaux.

Le contrat stipulait encore, comme mode de payement, des traites négociables à six mois, et payables à huit jours de vue, tirées à Ghardamès et à Ghrat sur la maison Mercurin père et fils à ***.

1. Mardochée, fils de Salomon.

En somme, les prétentions du juif, bien qu'un peu élevées, n'étaient pas trop draconiennes, vu les circonstances; Marius fit seulement, pour le principe, réduire le prix du bourricot et de sa charge à 200 francs, somme encore suffisamment rémunératrice, et la rédaction de l'acte, bien et dûment arrêtée entre les contractants, Mardochée ben Chloumou sortit de son portefeuille un papier timbré, déjà à moitié rempli de lignes raturées, à la suite desquelles il copia les engagements mutuels. qui furent datés et signés séance tenante.

Il manquait bien à ce sous-seing privé la formalité de l'enregistrement; mais à l'impossible, nul n'est tenu, et l'accomplissement des exigences fiscales fut ajourné à Ghardamès, où le titre serait présenté, pour régularisation, à notre agent consulaire près le régent de Tripoli, qui relève du sultan de Constantinople.

Et le titre précieusement enfermé dans le portefeuille, qu'il plongea dans sa poche, le juif Mardochée s'adressant à Marius :

« Maintenant, monsieur, disposez de votre très humble serviteur. »

Depuis le réveil de Marius, le soleil avait accompli les deux tiers de sa course, et notre voyageur éprouvait un invincible besoin de repos. S'allongeant donc à l'ombre, il se contenta de prescrire à son nouveau domestique de préparer pour le soir un repas plus substantiel que celui du matin et de ne le réveiller qu'une heure avant de manger. Et, tandis que son corps endolori cédait aux irrésistibles somnolences causées par un excès de fatigue et d'émotions, le juif Mardochée s'ingéniait à trouver dans sa cervelle et dans les ressources locales les éléments d'un confortable dîner.

Il restait bien un peu de saucisson et de pâté; mais c'était une seconde édition du déjeuner, et pour inaugurer ses fonctions, Mardochée tenait à faire preuve d'initiative et de capacités culinaires.

Certes il eût pu abattre un palmier, et du chou faire un mets excellent; mais c'eût été là barbarisme, la destruction d'un palmier dans les oasis étant, à juste titre, considérée comme un acte de vandalisme criminel. Le plat de légumes n'était, du reste, pas pour le gêner; il n'en serait pas toujours ainsi à mesure qu'on avancerait dans le sud, mais pour le moment il était facile de se le procurer dans les côtes des chardons qui avoisinaient l'oasis, cuites avec des racines de navets sauvages qui abondaient aux abords du puits.

Pendant qu'il songeait ainsi, un léger bruit, une sorte de grignotement (qu'on nous pardonne ce barbarisme) attira l'attention de Mardochée. Levant la tête dans la direction du bruit, il aperçut, après un assez long examen, un mouvement anormal dans les feuilles d'un palmier.

Sa figure s'épanouit en un radieux sourire, et, sans perdre un instant, il noua solidement autour de ses chevilles les extrémités d'une cordelette, et saisissant le tronc à pleins bras, il se hissa le long de l'arbre pressé par les genoux, la corde s'accrochant aux aspérités, et, par ce point d'appui, lui permettant une rapide ascension[1].

Quelques minutes après, il touchait de nouveau le sol, et détachait de sa ceinture un large mouchoir à carreaux où se trahissait, par de violents soubresauts, la présence d'un être vivant.

Sans défaire le paquet, dont il resserra au contraire les nœuds, Mardochée s'empressa de rassembler les braises du matin, et de faire un feu vif et clair sur lequel il plaça, pleine d'eau, avec quelques baies de lentisque[2], la petite marmite de campement de Marius. Dès que l'eau fut bouillante, il défit les nœuds qui maintenaient l'animal captif en son mouchoir, et en sortit une bête hideuse, à la forte carapace, munie de grosses pinces, semblable, en tout, à un crabe de mer.

C'était le crabe palmiste, crustacé terrestre assez rare, qui fait son habitat et trouve sa nourriture dans

1. C'est le procédé usité pour atteindre le faîte des hauts palmiers.

2. Ces baies, tres parfumées, servent à fabriquer la liqueur qu'on appelle le *mastic* en Orient.

les feuilles et les fruits des nombreuses variétés de palmiers dont abonde le sol africain dans les terrains humides exposés au soleil[1].

Pendant que l'animal cuisait, Mardochée revint à son palmier, portant, en guise de sac, le coquemar attaché à la ceinture; et, se rattachant les chevilles, il commença à gravir de nouveau, mais lentement cette fois, le tronc déjà escaladé. Des trous gros comme le doigt le perforaient en maint endroit; frappant avec une pierre dont il s'était muni, à l'extrémité opposée du diamètre de l'arbre, à la mode du pivert ou du toucan, notre grimpeur vit bientôt sortir un gros ver blanc, qu'il recueillit précieusement; à chaque trou, l'opération se renouvela, et, passant d'arbre en arbre, il eut bientôt rempli le coquemar, de grosses larves qui, embrochées sur une tige de bois, furent incontinent mises à griller devant les braises ardentes.

Pendant cette opération, notre petit juif suivait curieusement les singulières allures du mehari qui, s'étant légèrement éloigné de l'oasis, grattait frénétiquement du pied le sommet d'une petite élévation du sol, garnie de l'âpre végétation de ces cystes poilus rabougris (*Cystus hirsutus*)[2] qui tapissent les dernières collines et les éminences où le sable est encore un peu mêlé d'humus, et qui arrêtent au profit de cette médiocre végétation les brumes du soir et les rosées matinales.

Intrigué du manège de l'animal, il suivait avec intérêt ses mouvements, quand il s'aperçut qu'il dévorait avidement le produit de ses fouilles. Nouvel épanouissement joyeux des muscles faciaux de Mardochée, dont les petits yeux clignotants exprimèrent la plus vive satisfaction.

Rapidement il prit sa course, et s'il eût songé à se munir d'une corde, c'eût été le moment de se rendre facilement maître du gourmand animal, à qui il dut chaudement disputer

1. Le dattier, dit l'Arabe, vit les pieds dans l'eau et la tête dans le feu.

2. Variété qu'on ne trouve, en Europe, qu'aux ruines de Joyeuse-Garde (commune de la Forest) et à la Petite-Palud, près Landerneau. C'est une des nombreuses curiosités botaniques du Finistère.

les noirs tubercules qu'il avait extraits du sol; ainsi chassé, il s'éloigna avec des murmures de mauvaise humeur, témoignant de son mécontentement bien naturel de se voir dépouiller du fruit de son labeur. Suivant l'exemple du chameau, Mardochée se mit à continuer les fouilles, et ne tarda pas à recueillir une bonne provision de ces cryptogames renouvelés des festins de Vitellius et de Lucullus, qu'on désigne depuis peu sous le nom moderne de *truffes Tirman.*

Tout cela avait pris bien du temps, et lorsque, après avoir placé des truffes sous les cendres, Mardochée consulta sa montre, gros oignon d'argent ayant servi plusieurs générations, elle marquait cinq heures de relevée.

Marius qui, jusque-là, avait dormi du plus profond sommeil, commençait à manifester quelques signes d'agitation, précurseurs du réveil, contre lequel luttaient encore ses sens engourdis. Mardochée eut même quelque peine à le rappeler du pays des songes à la réalité; mais c'était un philosophe que notre Marius, et il ne fut pas long à secouer la pénible impression que lui fit éprouver son réveil, pour recouvrer son inaltérable gaieté.

Sa première sensation fut celle d'un appétit féroce.

« J'ai faim, mon ami! A quand le dîner?

— Monsieur, s'il s'en souvient, avait bien voulu m'accorder une heure après son réveil, pour préparer le repas. Je vais faire diligence, et j'espère que monsieur n'aura pas lieu d'être mécontent de mon essai. Une petite promenade préparerait bien monsieur à apprécier mes talents culinaires; et si j'osais le conseiller, peut-être une complète ablution lui serait-elle salutaire. Rien ne lui serait plus facile que de se plonger quelques minutes dans l'auge destinée à abreuver les bestiaux, que j'ai, à cet effet, remplie d'eau fraîche.

— Voilà certes une bonne idée, Mardochée, et tu me parais un serviteur intelligent. »

Sans plus attendre, Marius quitta ses vêtements et se mit à patauger dans l'eau que contenait l'abreuvoir. Par sa tonicité, la fraîcheur de l'eau rendit la vigueur et l'énergie à ses muscles amollis et encore courbaturés par l'excès de fatigue, et il aurait prolongé son bain sans les soins de Mardochée, qui lui cria d'auprès de ses fourneaux :

« Assez, monsieur, assez; un bain trop prolongé vous serait nuisible; un peu de réaction maintenant, un bon repas ensuite suivi d'une bonne nuit, et demain vous serez frais et dispos comme s'il ne vous était rien arrivé. »

Marius se rhabilla donc et se mit à arpenter l'oasis en tous sens, examinant attentivement la disposition du puits et de ses alentours.

C'était un trou en forme de tronc de cône dont la paroi intérieure, garnie d'un revêtement de poteaux de bois placés les uns contre les autres, dans le sens de la génératrice, donnait accès au fond du puits par des degrés faits de courtes billes de palmier horizontalement juxtaposées sur ce plan incliné. Un plafond d'arbres et de branchages protégeait le puits contre la chute des animaux et des feuilles, qui eussent promptement corrompu l'eau, ou du sable, qui n'eût pas tardé à le combler.

« Un puits est un endroit sacré, et il y a comme une con« vention tacite entre tous les voyageurs, non seulement de ne « point en gaspiller l'eau, mais encore de réparer, quand il « en est besoin, la maçonnerie en pierres sèches ou en bran« chages qui s'élève au-dessus du sol autour de son ori« fice et contre laquelle vient s'amonceler le sable chassé par « le vent. Au départ, on le recouvre avec des herbes ou « d'épaisses broussailles. Sans ces précautions il serait bientôt « comblé.

« Cependant, lorsqu'un parti a fait une ghrazia sur une « tribu, s'il est suivi de près, il infecte le puits en y jetant des « cadavres d'animaux.

« C'est la nécessité de la guerre.

« Un bassin (*el-djabeaâ*, *chereaâ*) en maçonnerie est tou« jours ménagé près du puits[1].... »

1. *Le Grand Désert, ou Itinéraire d'une caravane du Sahara au Pays des Nègres*, par le colonel Eugène Daumas et M. Ausone de Chancel.

Au fond du puits, où il était descendu jusqu'au bord de l'eau, Marius était absorbé par l'hypnotisante contemplation de sa propre image. quand il fut tiré de sa rêverie par ces consolantes paroles :

« Monsieur est servi. »

Presto, monsieur escalada les degrés, et, pressé par la faim, engloutit avidement un bouillon d'herbes où nageaient, en guise de croûtons, de minces tranches de *Tuber Tirmanium* grillées, qui donnaient au potage un excellent arome, malgré l'absence du sel; mais c'était là une privation à laquelle il fallait se faire, et Marius en prit courageusement son parti.

Au potage succédèrent le crabe et les vers palmistes, accompagnés d'une galette de biscuit; puis vinrent les truffes cuites sous la cendre, et comme dessert quelques dattes et des figues soigneusement triées dans la provision. Le tout fut arrosé des dernières gouttes du vin apporté par Marius et d'une eau suffisamment fraîche; suivit une excellente tasse de café, que Marius prit cette fois sans sucre, trouvant que les dattes macérées lui donnaient, en l'édulcorant, un goût tout particulier qui lui enlevait une partie de son parfum.

Marius avait d'abord mangé en glouton, sans penser à la nature des condiments, ni au génie du cuisinier. Cependant, quand la première faim fut calmée et qu'il apprit qu'il venait de dévorer des vers blancs, qu'il avait pourtant trouvés délicieux, il fut sur le point d'entrer dans une colère bleue; mais il les avait tous fait disparaître, sans en laisser un seul à Mardochée et la crainte d'un reproche mérité, jointe à celle du ridicule, calma sa colère; ce ne furent donc que de justes éloges qui sortirent de ses lèvres, et qui se traduisirent par cette expression qui, en marine, exprime le comble de la satisfaction :

« Décidément tu es un débrouillard ! »

Et il se mit à fumer un cigare, en pensant tristement à la fin prochaine de sa provision.

Pendant ce temps, Mardochée, se contentant des reliefs du festin, prêtait l'oreille à une rumeur lointaine, et trahissait une sorte d'anxiété qui se traduisait par l'arrêt subit et intermittent de ses mâchoires, tous ses sens se portant sur les nerfs auditifs. Il lui avait semblé entendre des cris lamentables qui, d'abord éloignés, se rapprochaient peu à peu. A un certain moment, le doute ne fut plus possible, et un appel aigu, suivi d'éclats de rire saccadés et stridents, le fit bondir, en même temps que Marius, qui percevait le bruit pour la première fois, s'écriait :

« Té ! mon bon, qu'es aquo?

— Vite, vite, monsieur ! Armez-vous! »

Et joignant l'action à la parole, Mardochée déballait rapidement le fusil; et le chargeant :

« En avant, monsieur ! c'est quelque pauvre diable poursuivi par des hyènes; il faut qu'il soit blessé ou bien las pour que ces sales bêtes osent lui donner la chasse. »

Tous deux s'élancèrent, Marius le revolver au poing, tenant sa bonne épée de la main gauche, et Mardochée armé du fusil muni de sa baïonnette.

Ils sortaient à peine du bouquet de palmiers, qu'ils virent un malheureux Arabe tenant tête à deux hyènes hideuses, par un rapide moulinet de son bâton. Il s'efforçait de gagner l'oasis où, sans doute, il espérait trouver quelque secours, ou du moins un asile sur un arbre ou dans le fond du puits. Mais on voyait que ses forces étaient épuisées, et qu'à moins d'un prompt secours il était perdu; aux appels de nos amis, il reprit courage et, d'un nouveau bond, fit reculer les puantes bêtes, qui sentirent encore une fois les rudes atteintes de sa matraque[1].

Mais elles aussi avaient entendu les cris; et avec la couardise particulière à ces ignobles carnassiers, elles prirent, malgré l'allure traînante qui caractérise leurs congénères, un trot rapide qui ne tarda pas à les faire disparaître, inutilement saluées par le fusil de Mardochée, derrière un de ces petits replis de terrain qui sont, ou les dernières ondulations des mon-

1. Long et fort bâton flexible qui sert à la fois de canne et d'arme contondante aux Arabes.

tagnes du nord, ou les premiers indices de la zone des dunes.

Jamais secours ne fut plus opportun; pendant que Marius et Mardochée franchissaient en courant les quelques mètres qui les séparaient encore du malheureux, celui-ci s'affaissait, et quand ils arrivèrent à lui, il était complètement anéanti et incapable de faire un pas de plus.

Ibrahim lança son cheval sur Ali.

CHAPITRE IV

LE JEUNE GUIDE

Le saisissant chacun par un bras, nos amis aidèrent l'Arabe à se remettre sur ses jambes; mais voyant qu'il était tout à fait à bout de forces, ils l'assirent sur leurs poignets réunis, comme le font d'un blessé les infirmiers militaires, et le transportèrent près du puits, où une large rasade d'eau et quelques dattes ne tardèrent pas à lui rendre l'usage de ses facultés, un instant anéanties par l'excès d'émotion et de fatigue.

C'était un tout jeune homme, de seize à dix-sept ans au plus, un peu grand pour son âge, dont pas un gramme de graisse inutile ne gênait les fonctions musculaires.

Son visage, encore imberbe, un peu maigre, orné de brillants yeux noirs, était peut-être un peu déparé par un nez trop busqué et une bouche légèrement lippue; mais l'ensemble indiquait à la fois l'énergie et la douceur, la vigueur et la bonté peut-être aussi l'irascibilité jointe aux appétits sensuels, en tout cas, une grande dignité.

Il était revêtu d'un long burnous blanc, dont le large capuchon retombait sur son dos; son chef était couronné d'une forte corde en laine de chameau, retenant un haik blanc servant de couvre-nuque et serré autour de son fez rouge, qu'il cachait entièrement; d'un large pantalon flottant, de forte toile grise, sortaient deux jambes nues, nerveuses et brunies par le soleil, comme ses bras, qu'une blanche *gandoura*[1] recouvrait seulement jusqu'aux coudes. Les mains sèches, nerveuses et brunes comme le reste, étaient jointes aux bras par de fines attaches. On ne pouvait savoir s'il en était de même des pieds qui, enveloppés jusqu'au-dessus des chevilles de peaux de mouton retenues par des lanières de cuir, offraient au corps une large base favorable à la marche sur le sable.

Sur le cou découvert pendaient un petit sac à amulettes et le chapelet à quatre-vingt-dix-neuf grains; à la ceinture était passé un long couteau dans une gaine de bois, et l'inséparable matraque était attachée à son poignet droit par une lanière de cuir souple et lâche.

Le soleil déclinait rapidement à l'horizon, allongeant démesurément l'ombre des palmiers, et le court crépuscule allait commencer; après son frugal repas, le jeune Maure se tourna vers Marius, et portant la main au cœur, puis au front et à la bouche[2] :

« *Salem*[3], monsieur; je te donne le merci! Allah est grand, tu es son serviteur, et je suis ton esclave. *Mektoub r'abbi*[4]. »

Après lui avoir baisé les mains, il s'inclina par trois fois vers le soleil prêt à disparaître, fit une courte ablution, et, tourné vers la Mecque, le dos au soleil couchant, fit sa prière dans les cinq postures traditionnelles[5].

Puis, tranquillement, sans ajouter un mot, s'allongeant sur

1. Sorte de chemise.
2. Salut symbolique musulman qui traduit la pensée suivante : je t'aime, je ne t'oublierai pas, je t'embrasse ou je dirai tes louanges.
3. Salut!
4. C'était écrit.
5. Debout, les bras croisés sur la poitrine; — debout, les bras levés au ciel; — courbé, les bras croisés; — à genoux, les bras levés; — à genoux, le front dans la poussière.

le sable à l'abri du buisson où le matin Mardochée inventoriait le sac de Marius, il ramena son capuchon sur la tête, et parut bientôt plongé dans un sommeil réparateur.

L'exemple est contagieux. C'est honteux à dire, mais il fallut celui d'un musulman exténué pour rappeler à un chrétien reposé ses devoirs envers son Créateur.

La prière de Marius ne fut pas longue; mais elle partit du fond du cœur, et quand il se releva, ses yeux étaient humides: il y avait si longtemps qu'il ne priait plus!

Le juif aussi pria.

Leur Dieu à tous trois était le même. Et pourtant, quels abîmes les séparaient dans leurs croyances et leurs pratiques!

Le sauvetage du jeune musulman était une complication. On ne pouvait songer à l'abandonner sans ressources le lendemain matin en cette oasis peu fréquentée. L'indécis Marius crut y voir une invitation d'en haut à rebrousser chemin; mais l'amour des voyages luttait énergiquement en sa tête contre cette sage pensée. Voir Ghardamès et Ghrat, et peut-être le Tchad! Quelle attraction! Mais quelles fatigues, et quels dangers aussi!

De même qu'au départ il avait consulté Théodule, il prit ici l'avis de Mardochée.

En tout juif, l'appât du lucre est grand, et notre israélite ne vit pas sans frémir, prête à s'envoler, l'espérance du bénéfice inespéré que devait lui procurer la rencontre imprévue du touriste.

« Ghardamès n'est ni loin, dit-il, ni difficile à atteindre, monsieur; venez toujours à Ghardamès! Nous laisserons à l'Arabe maudit quelques dattes; il ne lui en faudra pas beaucoup pour gagner M'raier, où il trouvera des compatriotes et l'hospitalité. Sans la crainte des gendarmes, j'aurais pris la route qui y passe; elle est bien plus sûre, plus courte et plus suivie. Mais, je me le demande : comment ce vagabond est-il ici dans ce triste équipage, tout seul, sans outre pour son eau, sans même un bourricot? Où peut-il bien aller, et d'où vient-il? Ce doit être un malfaiteur chassé de sa tribu à la suite de quelque gros méfait! Croyez-moi, laissons-le, monsieur, avec un peu de vivres, mais pas trop, car nous-mêmes sommes deux, à présent, à partager mes pauvres provisions, et il faudra nous rationner beaucoup jusqu'à ce que nous ayons rejoint Ibrahim.

« Que la venue du mécréant ne change donc rien à vos projets, monsieur! Ghardamès et Ghrat valent bien le voyage; ce sont des pays peu connus, que ne visitent encore que de rares Européens; partons donc avant le jour, car le soleil est chaud pour la marche ; à mi-route, nous trouverons un vieux *bordj*[1] ruiné et nous ferons halte pendant la forte chaleur à l'ombre de ses murs. »

Marius ne demandait qu'à se laisser convaincre. La perspective de visiter des pays neufs était bien propre à raviver en lui le démon des voyages ; jusqu'à son départ involontaire de Biskra, l'Algérie lui avait paru un pays trop européennisé; aussi dit-il à Mardochée de préparer un abri pour la nuit et de faire les apprêts du départ pour deux heures du matin.

Une abondante provende fut donnée à l'âne, et le vagabond mehari, laissé libre de trouver pâture à son gré ; puis un grand feu fut allumé pour éloigner les fauves. Près de là, deux bâtons fichés en terre et réunis en fourche par le haut servirent d'appui à l'une des extrémités d'un jeune tronc de tamaris reposant par l'autre bout sur le sol ; la toile du ballot de Mardochée étendue sur le tout et maintenue par du sable amoncelé fit rapidement une bonne tente, sous laquelle s'allongèrent Marius et Mardochée.

Il était un peu plus de minuit, quand Marius fut réveillé par des alternatives de vive clarté et de clair-obscur produites par l'interposition périodique d'un corps opaque entre le feu et l'ouverture de la tente, causant des éclipses fréquentes et suffisantes pour influencer sa rétine à travers le voile de ses paupières.

C'était le jeune Maure qui passait et repassait devant le feu ;

1. Camp fortifié.

dans un demi-sommeil, Marius se mit à suivre machinalement ses mouvements, et ses allures singulières ne tardèrent pas à l'éveiller tout à fait.

Il le vit étendre son burnous sur le sol à quelque distance du feu. puis y vider l'un après l'autre les couffins de fruits secs. Sa première pensée fut de croire à un vol; il allait se précipiter quand il réfléchit que le poids du burnous ainsi chargé eût été trop lourd pour un homme en fuite, et qu'il eût été bien plus simple au larron d'emmener le bourricot avec sa charge. Puis son attention fut appelée par les allées et venues du mehari qui de l'autre côté du feu ne perdait pas de vue les mouvements de l'Arabe, son œil se reportant sur l'alléchant burnous.

Tout à coup, avec un cri guttural, l'Arabe se jeta sur le burnous au milieu d'un cercle de figues et de dattes. On eût dit une de ces pratiques mystérieuses des sorciers de l'Orient qui rendent leurs horoscopes dans un cercle cabalistique, et Marius pensait à quelque superstitieuse évocation, lorsqu'il vit avec stupéfaction le chameau s'agenouiller auprès du burnous et s'y coucher en allongeant avidement le cou vers les fruits qui le couvraient. Instantanément il comprit l'idée du jeune musulman, et les faits ne tardèrent pas à lui montrer la justesse de ses conjectures.

L'Arabe semblait dormir; et le gourmand mehari, qui n'était pas pressé par la faim, hésitait entre les figues et les dattes. Quand il eut fait son choix, il emplit ses lèvres de dattes sucrées et se délectait lentement dans leur dégustation, lorsque, vivement lancé par le puissant ressort de ses muscles subitement tendus, l'enfant tomba à cheval sur le dos du ruminant, qui se leva d'un bond, et lui passa sur la tête, malgré sa vive défense, un licou de corde préparé à l'avance [1].

1. Les grands fauves n'attaquent le chameau que pressés par une faim dévorante. Aussi, dans leurs haltes du désert, les Arabes couchent-ils entourés de leurs chameaux; et pour les dresser à leur servir de ceinture protectrice, ils les accoutument tout jeunes à venir manger leur provende d'orge, de noyaux de dattes, de sorgho ou de maïs sur un burnous étendu, où ils s'allongent au milieu des têtes tournées vers le centre.

L'arabe se jeta sur le burnous.

Le chameau, effrayé, prit subitement la fuite, emportant son nouveau cavalier, comme la veille il avait fait de Marius. Alors celui-ci, s'appliquant un vigoureux coup de poing sur la nuque et se gratifiant des épithètes d'imbécile, de triple sot et de stupide animal, se précipita sur le fusil encore chargé de Mardochée pour punir le voleur. Mais il était trop tard; en un clin d'œil, la rapide monture avait déjà mis son cavalier à l'abri de la butte d'où, le matin, elle extrayait les tubercules parfumés.

Alors, sa colère se calmant, Marius partit d'un bruyant éclat de rire qui réveilla Mardochée, à qui il raconta l'incident, et qui s'empressa de constater combien avait été juste son jugement sur le larron.

En somme, il n'y avait pas grand mal, puisque le chameau leur était inutile, et même on y gagnait le burnous du fuyard. En tout cas, c'était une leçon dont Marius se jura de profiter avant de donner sa confiance à l'avenir.

Puisque maintenant tous deux étaient éveillés, le mieux était de se mettre en route; Mardochée replaça dattes et figues dans les couffins du bourricot, emplit d'eau fraîche son outre et la gourde de Marius, ainsi que la bouteille qui avait contenu son vin, et l'on fit un léger repas d'une seule galette et de quelques figues partagées entre Marius et son domestique.

Mardochée allait charger le bourricot, lorsque, à leur double stupéfaction, l'on vit revenir tranquillement, l'un portant l'autre, l'Arabe et le chameau, maintenant docile et calme sous son cavalier souriant qui, arrivé près d'eux, fit coucher l'animal, qu'il entrava de l'anneau ordinaire, et s'inclinant devant Marius, lui dit :

« Ton chemel était parti, monsieur; ji l'ai ramassé. »

Alors Marius, lui saisissant cordialement la main entre les siennes :

« C'est bien, ça! C'est très bien! Tu es un brave garçon, et je te demande pardon de t'avoir soupçonné. Aussi dispose de nous si nous pouvons t'être utiles.

— Monsieur, tu as sauvé la vie de ton esclave ; tu ne lui dois rien ; mais tu n'as pas raison de laisser courir ton chemel ! C'est des bêtes sauvages ; et peut-être il est parti si je l'ai pas ramassé. »

Marius ne savait que trop, par les vains efforts du matin pour reprendre l'animal, qu'il eût fallu l'abandonner, et remercia de nouveau chaleureusement le musulman, à qui il demanda ce qu'il comptait devenir quand ils seraient partis, en lui exprimant le regret de ne pouvoir lui laisser que bien peu d'aliments. Il mourait d'envie de savoir d'où il venait et comment il l'avait trouvé dans une situation si critique ; mais il savait aussi qu'il est indécent chez les Arabes de demander à son hôte son nom, où il va et d'où il vient.

L'Arabe vint heureusement au-devant de son désir en lui racontant sommairement son histoire.

« Monsieur, dit-il, ji commencé travailler khrebir dans caravane Ibrahim ; ji carotté datta, et Ibrahim fouté matraque ; alors ji tombé morto, et quand cé fini morto, Ibrahim parti et ji trouvé 2, 3, 4 routes ; macache sabir bono et ji marchai sur celui-là. Alors, quand la nuit commencé vinir, j'en ai trouvé dhebâa qui commencé m'embêter, et quand ji voir el-bir, macache podir marcher, et si tu n'as pas vini, dhebâa va me manger.

« Ali ben hadj Mustapha te donne encore le merci, monsieur[1]

— Je vous le disais bien, monsieur, que c'est un voleur !

— Barka, djeffa ben djeffa[2] ! Et se tournant vers Marius : Carotter n'est pas voler, monsieur,

— Tiens, tiens ; voilà une nouvelle morale. Quelle différence fais-tu ?

1. Monsieur, j'apprends le métier de guide dans la caravane d'Ibrahim ; j'ai chippé des dattes, et Ibrahim m'a donné des coups de bâton ; alors je suis tombé évanoui, et quand je suis revenu à moi, Ibrahim était parti ; il y avait plusieurs routes ; j'ignorais la bonne et j'ai pris celle-ci. Alors, quand il a commencé à faire nuit, j'ai trouvé des hyènes qui ont commencé à me tracasser, et quand j'ai aperçu le puits, je ne pouvais plus marcher, et si tu n'étais pas venu, les hyènes m'auraient mangé.

Ali, fils du pèlerin Mustapha, te remercie encore une fois.

2. Assez, charogne, fils de charogne ! — N'oublions pas que c'est un musulman qui parle.

— Si ji va prendre ton couscouss pour li mangir, monsieur, ji va ti carotter; si ji va li prendre pour li trokir, ji va ti voler. Si ji va prendre ton sebatt[1] pour li mette dans mon pied, ji va ti carotter; si ji va li trokir[2], ji va ti voler.

— C'est bien un peu subtil, cela! mais c'est affaire d'éducation. Voyons, mon garçon, que vas-tu faire maintenant? Nous allons à Ghardamès, et nous ne pouvons pas t'abandonner ainsi.

— Monsieur, avant travailler khrebir, ji travaillé les chemel et les bourricots di mercanti; si tu veux, ji va travailler[3] ton chemel et ton bourricot.

— Parfait cela, si j'avais de quoi te nourrir; mais voilà tout ce que nous avons, et c'est déjà bien peu pour deux!

— Si tu me donnes un peu, monsieur, Allah va te donner beaucoup; mais restez tranquille; ti n'as pas besoin me donner rien du tout; et pit-être c'est moi ti donnera la viande pour li mangir. *Ine ch'Allah*[4] *!* »

Et montrant à Marius un petit tas de tubercules et de racines d'asphodèles, comestible à la rigueur malgré leur amertume, qui abondent dans les lieux humides, et qu'il avait extraits pendant son sommeil, il lui demanda la permission d'en charger le chameau, ce qui lui fut accordé sans peine. Les deux jambes du large pantalon de zouave, nouées aux extrémités inférieures, formèrent deux vastes poches qui, emplies, furent posées comme un bât sur la bosse du mehari, chargé aussi d'un fagot de côtes sèches de palmier pour faire du feu, des bâtons et de la toile de campement. L'âne fut ainsi soulagé d'une partie de sa charge, qui passa sur le dos du chameau.

Tout était prêt pour le départ, et le jeune Ali, fils de Mustapha, tacitement accepté par la petite caravane, reçut une légère ration de biscuit et de figues.

1. Soulier sans talon ; c'est sans doute de là que vient le mot savate

2. Vendre.

3. En sabir, le verbe *travailler* exprime une occupation, un travail quelconque, l'exercice d'un métier, d'une industrie, d'une profession : il signifie ici tour à tour apprendre le métier de guide, soigner et conduire les chameaux et les ânes des marchands.

4. S'il plaît à Dieu !

Il était plus de deux heures quand on se mit en route, et il ne fallait pas perdre de temps pour éviter la forte chaleur.

Le bourricot ouvrait la marche, conduit par Mardochée; le chameau suivait de près, mené en main par Ali, et Marius marchait entre les deux, déplorant la malveillance latente qu'il sentait entre ses compagnons, et réfléchissant aux moyens d'établir entre eux la paix, à défaut d'amitié, impossible à obtenir entre musulmans et juifs, dont les uns méprisent les autres, qui leur rendent leur mépris en sourde haine.

Dans ce but pacificateur, tantôt il allait à Mardochée pour causer du voyage avec lui, puis, ralentissant le pas, se laissait rattraper par Ali, à qui il raconta son aventure, sa rencontre avec Mardochée dont il passa la désertion sous silence, et son intention de rejoindre Ibrahim pour faire route avec lui jusqu'à Ghardamès.

Nous ne fatiguerons pas le lecteur du sabir du jeune Maure qui, s'il peut être amusant pendant quelques lignes, deviendrait fastidieux à la longue; nous conserverons cependant autant que possible, sans nuire à la clarté du récit, l'esprit de son langage, les périodes emphatiques de sa conversation, ses phrases concises et hachées avec leur naïf tutoiement et leur excès d'humilité qui n'a rien de servile.

« Tu n'as pas raison, dit l'enfant, d'aller trouver Ibrahim; c'est un homme méchant, et le juif se trompe s'il croit être bien reçu. Pour quelques dattes, il a voulu me tuer, et je ne retournerai avec toi près de lui que si tu commandes. Qu'Allah guide ton esprit! Mais je te dis que le juif se trompe ou qu'il veut ton argent. Je sais la route, et puis te conduire à Ghardamès, et tu économiseras ton argent. »

C'était une offre à prendre en considération; mais l'assurance d'Ali n'inspira qu'une médiocre confiance à Marius; aussi lui fit-il remarquer qu'il s'était déjà trompé de route après l'abandon d'Ibrahim.

Le jeune élève-khrebir lui expliqua que quand Ibrahim l'avait surpris chippant des dattes pendant la marche, il lança son cheval sur lui et le frappa violemment, qu'alors il prit la fuite poursuivi par le féroce musulman, faisant crochets sur crochets pour éviter ses atteintes. Ali avait essayé de se réfugier dans les méandres des dunes voisines; mais il s'était à peine engagé dans leur labyrinthe qu'un violent coup à la tête l'étendit sans connaissance; revenu à lui, il ne put reconnaître la bonne voie, et prit au hasard une piste; mais il assurait qu'une fois à Aïn-Kerma, il ne se tromperait plus, son erreur étant la conséquence des lacets qu'il avait faits en fuyant, et de son évanouissement.

Voici donc encore Marius en nouvelle perplexité.

Suivra-t-il l'avis du Maure ou les conseils de l'israélite? Revenant vers Mardochée, il lui résuma sa conversation avec Ali :

« Par le Dieu d'Israël, monsieur, le fils de chacal a raison. S'il est bien sûr de nous guider dans la bonne voie, son conseil est excellent, maintenant que nous sommes trois et munis d'un chameau. Il devient inutile de rejoindre Ibrahim si l'Arabe connaît les moyens de nous procurer des vivres en route. Nous verrons bien, du reste, de quoi il est capable, jusqu'à El-Ouad, et alors nous resterons toujours libres de rejoindre Ibrahim s'il ne nous offre pas des garanties suffisantes de sécurité.

— Parfait! parfait! Cela me semble rationnel; nous allons mettre ses talents à l'épreuve. Ali!

— Sidi[1]!

— Es-tu sûr de ne pas te tromper cette fois et de nous bien conduire à Bir-Ouled-Alanda ou à El-Ouad?

— Je connais bien la route, je te dis; marchez, si tu veux, monsieur; tu n'as pas besoin d'avoir peur.

— En avant donc! Allons, Mardochée! »

Depuis plus d'une heure, tous trois cheminaient en silence, plongés dans leurs pensées intimes; l'horizon se teintait à l'orient de larges bandes d'or et de vermillon, tranchant sur l'azur profond du ciel sans nuages, et annonçant le prochain lever du soleil, dont le disque éclatant apparut bientôt, doublé par la réfraction.

1. Monsieur.

L'aspect d'un tel spectacle dans ces immenses solitudes impressionna vivement Marius; et quand le Musulman, après avoir, à défaut de fontaine, simulé l'ablution en se frottant les mains sur le sol sablonneux, se tourna vers l'orient pour faire sa prière, les prières du chrétien montèrent avec les siennes vers le ciel, accompagnées d'un verset du Talmud nasillé par Mardochée.

Puis la marche, un instant arrêtée, allait être reprise, lorsque Ali s'adressant à Marius :

« Pourquoi, monsieur, fatigues-tu tes pieds et uses-tu ta chaussure? Ton chameau doit te porter, car il n'a pas sa charge. »

Le souvenir de sa folle chevauchée donnait bien à penser à Marius; mais la réflexion lui montra que, le Maure tenant le chameau par sa longe, il n'avait rien de semblable à redouter; et l'envie d'apprendre ce genre de locomotion qui devait lui éviter bien des fatigues, et aussi la crainte de paraître ridicule l'encouragèrent à essayer.

Ali fit coucher l'animal, et plaça Marius dans la position rationnelle au sommet de la bosse, la jambe gauche repliée autour de l'appendice comme dans une selle de femme, le pied droit appuyé à la naissance du cou; et quand il eut bien assuré son aplomb :

« Prends bien garde, monsieur, quand il va se lever; si tu veux, tu vas me tenir. » Debout sur le cou, le dos contre la bosse, il offrit à Marius l'appui de son épaule, et d'un cri aigu, sifflant, accompagné d'un léger coup de matraque, fit lever l'animal. Il avait eu raison de prévenir le cavalier novice et de lui offrir l'appui de son dos, car le double mouvement de tangage d'arrière en avant, puis d'avant en arrière l'eût certes fait tomber.

Suivant ce bon exemple, Mardochée se jucha sur le dos de son âne, assis entre les couffins, les jambes pendantes de chaque côté du cou; il n'était pas le plus mal à l'aise; et la marche reprit.

D'abord Marius eut quelque peine à conserver l'équilibre,

l'équitation à chameau demandant une certaine pratique; puis de légères nausées lui causèrent un malaise passager; mais ses traversées avaient aguerri son estomac, et sa course échevelée assoupli ses muscles.

La première partie de l'étape s'accomplit sans encombre, et cinq heures après le départ on mettait pied à terre près des ruines des murailles en pisé du vieux Bordj.

La bande s'enfuit effrayée.

CHAPITRE V

DE BIR-EL-ASKAR A EL-OUAD

C'était une longue course qu'ils venaient de fournir d'une seule traite, et tous trois mouraient de fatigue et de faim. Aussi, à peine descendus de leurs montures, qui furent débarrassées de leur charge et attachées à des piquets solidement enfoncés en terre, nos trois amis s'empressèrent de manger quelques dattes arrosées d'une eau dont la fraîcheur laissait à désirer; puis Marius et Ali, encore mal remis de leurs fatigues antérieures, s'allongèrent à l'ombre, sous la garde de Mardochée, pour se livrer aux douceurs d'une sieste bien méritée. Il avait été convenu qu'on se remettrait en route à trois heures pour atteindre Aïn-Kerma avant le coucher du soleil, ce qui donnait à chacun quatre heures de repos et une faction de deux heures.

Près de l'enclos solitaire qui abritait nos voyageurs de l'ombre bienfaisante de ses murs, s'étendait un de ces verts rectangles de cactus, plantés en quinconces, ainsi qu'il s'en trouve partout aux abords des établissements arabes abandonnés ou non, et prouvant que le vieux bordj n'avait pas servi seulement de fortification passagère, mais qu'il avait été la *casbah* (citadelle) de quelque importante agglomération aujourd'hui disparue, comme tant d'autres dont les habitants ont été chassés par l'invasion des sables ou la disparition subite de l'eau dans une révolution de la nature.

Les raquettes étaient couvertes de figues de Barbarie à la fois rafraîchissantes et nourrissantes, et Mardochée en fit une ample cueillette; les savoureuses feuilles, méticuleusement dépouillées de leurs épines, servirent aussi à désaltérer et à nourrir les animaux, avec des feuilles de chardon, dont ânes et chameaux se montrent très friands.

Les deux heures de quart du juif n'étaient pas finies, que Marius et l'Arabe, suffisamment reposés, le relevaient de sa faction; à son tour Mardochée alla prendre un repos nécessaire, après avoir partagé avec ses compagnons sa récolte des fruits du cactus.

Marius examinait curieusement l'enceinte du vieux bordj, pendant qu'Ali furetait tout autour en quête de quelque proie. Dans un angle s'élevait une sorte de petit dôme en maçonnerie sans aucune ouverture, près duquel poussait un genévrier rabougri dont les branches, à moitié desséchées, disparaissaient littéralement sous des milliers de chiffons de toutes couleurs.

Il demanda à Ali ce que c'était.

« C'est le tombeau d'un marabout, Sidi.

— Et pourquoi toutes ces guenilles attachées à l'arbre?

— Tu sais, monsieur, quand le saint regarde son arbre, il pense à tous ceux qui y ont attaché un souvenir, et il prie Allah pour eux. C'est un grand saint, monsieur, car il y a beaucoup de chiffons, quoiqu'il soit bien isolé.

— Et ces pierres qui entourent le marabout, sont-ce aussi des tombeaux?

— Oui, monsieur; ce sont des sépultures de grands chefs qu'on a enterrés près du saint pour l'honorer. »

Coupant alors un morceau de sa ceinture, Ali l'attacha en signe de vénération près des autres lambeaux d'étoffe; il prit ensuite de vertes raquettes qu'il écrasa au pied du genévrier. pour y entretenir la fraîcheur (ainsi doivent faire tous les pèlerins) ; et après un dernier salut au tombeau vénéré, il reprit le cours de ses recherches un instant interrompues.

Marius suivait avec un intérêt mêlé de curiosité les évolutions de l'Arabe. Depuis près d'une heure, son singulier manège durait, lorsqu'il le vit enfoncer avec précaution une badine flexible dans une fente du mur, d'où s'élança soudain un énorme lézard de près d'un pied de long ; la baguette siffla et le reptile, les reins brisés, se tordit sur le sol. Grillé sur des charbons, il fit, avec des truffes cuites sous la cendre, des côtes de chardon bouillies et des figues de Barbarie pour dessert, les frais d'un substantiel repas qui précéda la reprise de l'étape.

Les animaux furent de nouveau chargés; Marius et Ali reprirent place sur le chameau, et Mardochée sur l'âne : à la chute du jour, ils arrivaient à Ain-Kerma, d'où ils apercevaient le Chott-Mérouan et sa croûte saline, blanche comme la neige.

Le Chott-Mérouan est un étang saumâtre, au sud-ouest du Chott-Melr'ir, auquel il est rejoint par un étroit canal, formant avec lui cette mer intérieure qui, jadis, s'appelait *Palus Tritonis*, et que certains esprits voudraient aujourd'hui rendre au commerce et à la navigation en la joignant au golfe de Gabès, un peu au-dessus de l'île de Djerba[1].

Situé entre l'importante oasis M'raïer aux cinquante mille palmiers, avec ses huit puits artésiens et ses sept puits indigènes, — et la petite oasis de Sidi-Klelil, Ain-Kerma est un bouquet de palmiers entourant une excellente petite source près de laquelle vivent quelques familles misérables, accusant fortement le sang nègre ; nos voyageurs y reçurent une cordiale hospitalité, accompagnée d'un plat copieux de couscoussou assaisonné du lait aigre de quelques maigres chèvres qu'on voyait

1. *Étapes sahariennes*, par Fernand Philippe, interprète militaire, p. 14.

chercher une nourriture hypothétique dans la pauvre végétation qui avoisine la petite oasis, laquelle est entièrement divisée en jardins potagers assez soignés, et entourés d'impénétrables haies de cactus et d'aloès.

Le lendemain, Ali fut envoyé avec le bourricot aux bords du chott, où il fit une bonne provision de sel, dont la privation était très sensible à tous trois, et surtout à Marius; pendant ce temps, pour quelque monnaie, il avait pu se procurer un jeune chevreau; et pour reconnaître l'hospitalité de la veille, il offrit, avant de partir, une *diffa*[1] à laquelle assista tout le village, chaque famille apportant, suivant l'usage, son plat de couscoussou ou de pois chiches; et le soir, à trois heures, comme la veille, après avoir renouvelé leur provision d'eau, ils se remettaient en marche, à pied cette fois, pour ménager leurs montures. L'étape n'était pas longue, et à six heures ils arrivaient à la source saumâtre inhabitée d'Aïn-Rgoussi, et y campaient sous quelques palmiers, pour passer la nuit.

Avant le jour, ils reprenaient leur route, assez mal reposés d'une nuit de cruelle insomnie causée par les piqûres et l'intolérable musique d'un nombre incalculable de ces horribles diptères qui sont la plaie de certains lieux humides d'Algérie.

D'Aïn-Rgoussi à Bir-Touil, il y a 55 kilomètres de dunes entrecoupées de marécages où pullulent les oiseaux aquatiques. Ali eut beaucoup de peine à empêcher Marius d'essayer son adresse en tirant à balle sur les nombreux échassiers ou sur les bandes de palmipèdes qui y prennent leurs ébats.

« Garde tes cartouches, monsieur, tu n'en as pas beaucoup, et peut-être tu pourras mieux les employer qu'en risquant de perdre ta balle sur un aussi petit gibier; mais laisse-moi faire, et si Allah le veut, tu auras un canard pour ton dîner. »

Ce disant, du capuchon de son burnous, Ali sortait une solide fronde de cuir et de corde de boyaux; les pierres faisaient défaut sur ce terrain sablonneux, mais en passant un petit *oued*[2]

1. Festin.

2. *Oued* signifie fleuve, rivière, ruisseau. La plupart des petits oued de cette contrée n'ont d'eau qu'après les pluies.

à sec, il put cependant recueillir quelques galets arrondis, et dès que se trouvait à portée de son arme une troupe de palmipèdes, une pierre sifflait assez adroitement lancée; mais le résultat n'était autre que de provoquer la fuite de la bande, effrayée par la chute du projectile.

Après de nombreux essais infructueux. il fut cependant assez heureux pour briser l'aile d'un magnifique canard, qui s'enfuit en criant. Il ne fut pas facile, dans ces terrains marécageux, de s'emparer du volatile; enfin, l'animal exténué put être capturé et, sur-le-champ, égorgé conformément à la loi du Prophète.

Pendant les deux tiers de la route, on ne quitte guère qu'accidentellement les terrains marécageux, dans lesquels la marche est des plus pénibles; à partir de ce point, le sol devient plus sablonneux et toujours aussi peu favorable à la progression, le pied enfonçant souvent jusqu'à la cheville dans un sable impalpable, où chaque pas en avant est suivi d'un effet de recul des plus fatigants.

Plus loin, les sables deviennent peu à peu plus consistants, et se couvrent par plaques d'un tapis de renonculacées, de malvacées rabougries, parmi lesquelles on trouve de rares échantillons de ces roses de Jéricho (*Anastatica hierochuntica*) qui, desséchées depuis des mois, conservent la propriété de s'épanouir de nouveau, par un effet d'hygrométricité, sous l'influence de l'humidité.

Ces terrains sablonneux se prolongent jusqu'aux dunes de Makheg-Souid, entre lesquelles poussent quelques palmiers isolés, à haute tige, dans des cols couverts de palmiers nains; nos voyageurs y prirent à l'ombre des premiers palmiers quelques heures d'un repos bien gagné, et s'y réconfortèrent d'un biscuit et d'une poignée de dattes et, comme adjutorium, de la partie la plus tendre de ces petits choux-palmistes savoureux, au goût âcre et sucré, qui sont le cœur du bourgeon terminal des palmiers-nains végétant sur de vastes étendues, en broussailles plus nuisibles qu'utiles.

Arrivés dans une des étroites vallées qui séparent les dunes:

« Enfin, s'écria Marius, voici du gibier! »

Un lièvre venait de se lever sous ses pieds et de lui brûler la politesse.

Ali dressait en même temps plusieurs de ces pièges si connus sous le nom de *quatre de chiffre*, dans lesquels se prenaient bientôt cinq perdrix, et Mardochée s'emparait de quelques tortues terrestres, petits chéloniens qui font d'excellents potages et de bonnes grillades. Marius ne revint pas non plus bredouille de la promenade qui suivit sa sieste. Un jeune chacal s'étant enfui devant lui se réfugia dans un bouquet de lentisques rabougris, au milieu duquel s'élevait un des plus grands échantillons du genre tamaris. Pendant qu'il cherchait à déloger le fugitif, il entendit au-dessus de sa tête le doux roucoulement de tourterelles et, levant les yeux, il aperçut un amas de branchages qui n'était autre que le nid des gracieux oiseaux. Lestement il escalada l'arbre, et trouva dans le nid deux gentils tourtereaux, juste à point pour la broche, lesquels, sans pitié, furent étouffés et réservés pour le repas du soir.

Ainsi munis de vivres abondants, et possédant encore une quantité d'eau suffisante, nos amis résolurent de camper la nuit dans ces gorges où l'absence d'humidité devait les mettre à l'abri des moustiques; ils y firent encore quelques kilomètres, et dressèrent la tente.

Soupe de tortue, perdrix et tourterelles leur fournirent un bon repas, cette fois assaisonné de sel; et sous la garde alternative de chacun d'eux, ils passèrent une excellente nuit, exempte de tout incident, le cri des chacals en chasse étant seul venu, de temps en temps, interrompre leur sommeil.

Les animaux entravés trouvèrent une abondante pâture dans les fèves de chameau (*Moricandia suffruticosa*) et les aqueuses ficoïdées qui abondaient au pied des versants nord des dunes.

Avant l'aube ils se remettaient en marche et arrivaient de bonne heure à Bir-Touil, où Mardochée, avec l'assentiment de

Avant l'aube ils se remettaient en marche.

Marius, fit un de ces habiles coups de négoce qui ne pouvaient germer que dans une cervelle israélite.

Entre autres ustensiles de toilette, il y avait dans le sac de voyage deux jolis petits flacons de cristal, avec fermeture en argent; l'un contenait un vinaigre de toilette au parfum pénétrant, et l'autre une excellente eau dentifrice; une petite troupe de Chambas nomades venait d'arriver à l'oasis, pour y célébrer les fêtes du mariage de son kaïd avec la fille de celui d'une smala voisine.

Les musulmans sont avides de parfums, qui sont d'autant plus appréciés en ces lieux sauvages que l'occasion de s'en procurer est plus rare; et le galant chef ne trouva pas de cadeau plus précieux à faire à la nouvelle épousée. Le prix en fut longtemps débattu; mais Mardochée tint bon, et obtint en payement des précieux flacons un bourricot muni de deux outres et de son bât. Le marché fut complété par l'échange de la rouge culotte de zouave contre un double sac de *fliss* [1] et une vieille selle pour équiper le chameau.

A titre d'étranger, Marius était devenu l'hôte du chef; il fut empêché de partir le lendemain par une grande diffa à laquelle il ne put se dispenser d'assister, à peine de l'offenser gravement.

Toute la journée on mangea du mouton grillé et du couscoussou, en buvant du lait aigre; puis vint une interminable kyrielle de ces plats sucrés et parfumés dont les Arabes ont le secret. Enfin, la nuit fut passée à chanter sur un rythme monotone, avec accompagnement de *djouâk*, de *g'nibri* et de *darbouka* [2].

Marius reconnut l'hospitalité du kaïd par l'offre de son élégant porte-cigares; et seul cette fois sur son chameau, escorté à droite et à gauche d'Ali et de Mardochée sur leurs bourricots, il prit au sud-sud-est, à une bonne allure, la route de Bir-Ouled-Abd-el-Kader.

1. Étoffe grossière rayée de blanc et de brun, faite avec des déchets de laine et des poils de chèvre et de chameau. La trame est souvent en fils d'alfa.

2. *Djouâk*, flûte en roseau à trois trous. — *G'nibri*, instrument à deux cordes, dont l'âme est formée d'une écaille de tortue recouverte de peau. — *Darbouka*, tambourin, dont la peau est tendue sur une monture en terre cuite, en forme d'amphore.

La petite caravane eut d'abord à marcher sur un sol dénudé, envahi par le sable et sans aucun abri contre les ardeurs du soleil; çà et là, on apercevait quelques palmiers isolés qui jalonnaient la plaine. Ils cheminèrent ensuite dans des fonds encore herbeux à cette époque, mais que l'été prochain ne devait pas tarder à dessécher; ils longèrent d'étroites vallées bordées de petites dunes pressées les unes contre les autres, à l'abri desquelles paissaient des ânes et des chameaux au milieu d'innombrables moutons aux bergers invisibles, dont les campements se signalaient seulement par de légères fumées s'élevant de loin en loin dans les gorges les plus retirées.

Cette journée fut presque un repos pour les hommes comme pour les bêtes, la distance à parcourir n'étant que de 18 kilomètres; mais ce fut une bonne leçon d'équitation chamelière pour Marius, qui faisait des progrès surprenants dans ce genre de sport.

Non loin du puits subsistent quelques vestiges de constructions ruinées et de cultures abandonnées, indiquant que les indigènes ont cherché à y établir des habitations sédentaires. Pour le moment. nos amis n'y trouvèrent qu'une halte de colporteurs juifs drainant dans les douars, les smalas et chez les bergers isolés les tontes de leurs moutons, qu'ils portent sur les marchés du nord.

Ces négociants apprirent à leur coreligionnaire Mardochée qu'un vol de sauterelles s'était abattu à Mouïat-el-Kaid, dont la petite population avait été obligée de se refugier à El-Ouad, à cause de la corruption des eaux causée par la prodigieuse quantité des acridiens qui y étaient tombés.

Il ne fallait donc pas songer à cette étape, et Bir-Ouled-Alenda étant à la même distance que El-Ouad (50 kilom.), ce fut dans cette dernière direction que la marche fut reprise, malgré la répugnance et les observations de Mardochée qui craignait d'y être reconnu et arrêté.

A mesure qu'ils approchaient de cette oasis, la végétation devenait de plus en plus abondante, les troupeaux et les bergers, de plus en plus fréquents; au lieu de croître isolés, les palmiers se groupaient en bouquets; les puits étaient aussi moins distants; les nombreux réservoirs maçonnés, creusés en outre dans les bas-fonds des oued, étaient encore pleins d'eau ; mais là aussi les sauterelles avaient laissé des traces de leur passage, et la plupart étaient infectés de leurs cadavres ; les puits, couverts à temps, avaient heureusement pu être préservés du fléau, et les troupeaux, encombrant leur abord, se pressaient autour de chacun d'eux, attendant leur tour pour s'abreuver.

A dix heures, l'on fit halte à l'entrée des dunes de Gomâr, point le plus septentrional de la grande région des dunes. Ce n'étaient encore que des *gâra*, espèce de conglomérats terreux qui marquent l'ancien niveau du sol primitif, et dont la base est la roche ou une terre compacte ; on ne voyait pas encore de ces grandes masses de sable, tantôt arrondies, tantôt en dos d'âne ou même en lames de sabre, dont l'aspect figure une mer en courroux qu'un miracle aurait instantanément solidifiée ; à peine quelques sillons séparaient ces gâra, dernières ondulations des vagues d'un océan de sable venant y mourir comme celles de la mer sur les rochers de la plage.

L'après-midi, la chaleur était terrible, et les bourricots, très fatigués des derniers kilomètres parcourus dans un sable brûlant où ils enfonçaient jusqu'au-dessus du paturon, n'étaient plus en état de suivre le mehari aux longues jambes, dont la plante spongieuse s'aplatissant à chaque pas lui offrait une large base favorable à la progression sur ces terrains mouvants.

Marius résolut, en conséquence, de bivouaquer à Gomâr ; et le lendemain matin, les animaux, bien reposés et bien repus, franchirent courageusement de hauts mamelons de sable, du sommet desquels leurs cavaliers aperçurent au loin, sur une ligne nord et sud, les têtes d'un vert sombre des palmiers du Souf, large vallée fertile, arrosée dans sa longueur par l'oued du même nom, dont les rives abondent en dattiers de diverses variétés qui, avec leurs gras pâturages, font la richesse du pays.

A neuf heures, on atteignait le petit village de Tarzoute, — et à onze heures, la petite ville arabe de Kouinine, après avoir eu à gravir des bancs de sable de 50 à 60 mètres de hauteur.

Il n'y eut pas à y faire de cuisine; Ali, pour le reste de la monnaie de Marius, put s'y procurer un plat tout préparé de couscoussou au mouton et aux pois chiches pour les hommes, et un sac d'orge pour les bêtes. On prit trois heures de repos, et une heure et demie après le départ, à quatre heures, l'on entrait à El-Ouad, capitale du Souf, ville de douze à quinze cents feux, encore entourée des ruines de ses anciennes fortifications.

La population, longtemps hostile à l'occupation française, est active, intelligente et laborieuse.

Les maisons d'El-Ouad sont petites et basses, affectent la forme d'un large dé à coudre; il n'y existe aucun monument remarquable, et les mosquées y sont misérables.

Mais ses jardins méritent d'être signalés par leur disposition toute particulière :

Ils sont creusés assez profondément pour que les racines des palmiers puissent atteindre une vaste nappe d'eau souterraine qu'ils recouvrent; et pour que le sable ne puisse pas les envahir, ils sont entourés de haies entretenues avec un soin extrême, ce qui n'empêche pas qu'il faille un travail continuel pour en enlever le sable qu'y apporte le vent du sud.

Les dattes d'El-Ouad sont particulièrement renommées, et les habitants cultivent un grand nombre de légumes. Des essais de culture de coton, qui y ont été tentés, ont donné de médiocres résultats, à cause de la difficulté d'une irrigation appropriée, rationnelle et méthodique.

En approchant de la ville, Mardochée sollicita de Marius la permission de chercher asile chez un coreligionnaire, habitant, à l'entrée de la cité, une petite villa facile à reconnaître pour une habitation israélite à son badigeonnage bleu ciel. Cette permission lui fut accordée sans peine, sous la condition qu'il se tiendrait prêt à partir au premier avertissement; le pauvre diable frémissait à l'idée de rencontrer un gendarme! Quant à Marius et à Ali, ils trouvèrent un abri pour eux et leurs montures dans le caravansérail qui longe le champ de foire, où un important marché se tient tous les vendredis.

Marius n'était pas sans souci sur la manière dont il indemniserait son hôte, et songeait à charger Mardochée de brocanter au mieux sa massive chaîne de montre en or, lorsque, le lendemain matin de leur arrivée, un vieil israélite à longue barbe blanche teintée d'un jaune sale, vêtu d'une longue houppelande marron effilochée du bas, trahissant son origine égyptienne, vint lui faire ses offres de service de la part de Mardochée.

Il savait que Marius était porteur d'une lettre de crédit d'une valeur et d'une authenticité indéniables; il lui offrait, avec la garantie de Mardochée dont il connaissait parfaitement l'honorabilité et la solvabilité (la surface, dirait un Américain), de la lui escompter, au moins en partie, pour un taux ne sentant pas trop l'usure, vu les circonstances. Il offrait, en outre, de se constituer à El-Ouad représentant de la maison « Mercurin père et fils », pour l'achat et l'expédition directs des produits de la région.

C'était une heureuse fortune, et le voyage de Marius devenait bien un voyage d'affaires dans les pays de production; sa circulaire à sa clientèle ne serait donc pas trompeuse. Il demanda au juif vingt-quatre heures de réflexion, et lui promit sa réponse pour le lendemain.

Alors un timbre connu sortit de la barbe jaunâtre :

« Décidément, monsieur, je crois que le déguisement est bon, et qu'avec ma nouvelle tête je puis braver les gendarmes et tous les ghoumis du monde ! »

Et Marius de se tordre de rire pendant que Mardochée continuait imperturbablement :

« Voici ce que c'est, monsieur ; l'israélite qui m'a reçu est en relations d'affaires avec mes parents de Biskra, comme avec ceux que j'ai à Ghardamès. C'est lui qui vous fait les offres que je vous ai transmises. Je vous engage à accepter; c'est un honnête homme, qui n'a, du reste, qu'à gagner dans l'arrangement qu'il vous propose, et qui est tout aussi avantageux pour vous que pour lui.

« Il vous négociera donc votre lettre de crédit, en tout ou en partie, et se met à votre disposition, moyennant une faible commission, pour tous achats que vous voudriez faire de matières ou de denrées qui, parvenant de première main dans vos magasins, vous assurent un joli bénéfice. Tout le monde ici vous donnera les meilleurs renseignements sur l'honorabilité de Samuel Lévy-Braham qui représente déjà nombre de maisons de commerce, et vous verrez qu'il jouit de la meilleure réputation.

Toute la journée, Marius réfléchit aux offres dudit Samuel Lévy-Braham; il eut d'excellents renseignements sur son compte, tant auprès du chef du bureau arabe que du kaïd, quoiqu'ils le soupçonnassent tous deux de prêter à un taux usuraire.

Marius se décida donc à risquer un petit capital, et se rendit chez l'israélite, qui lui procura des fonds; puis il acheta, sur son conseil, des huiles d'olives, des dattes, des pistaches, des amandes et de la cire de provenance tunisienne, qui furent expédiées par caravane sur Bougie, contre une traite à vue, pour être dirigées sur *** par la voie de Marseille.

Marius écrivit d'El-Ouad une longue épître au fidèle Théodule qui devait commencer à se tourmenter d'être depuis si longtemps sans nouvelles; il lui racontait par le menu tous les détails de son voyage, lui annonçait l'envoi des marchandises et de la traite destinée à en payer l'achat, et l'informait de son départ pour Ghardamès.

Il terminait par un doux souvenir pour Mlle Toutvenant, et n'eut plus qu'à s'occuper des préparatifs du départ, qui consistèrent d'abord à se procurer deux forts mulets, pour laisser les bourricots comme montures, sans autre charge que deux outres d'eau, à Ali et à Mardochée. Il gardait pour lui le mehari, sur lequel il plaça aussi deux grandes outres pour assurer les provisions d'eau, avec un complément d'objets de campement; et les deux mulets furent chargés, en sus des anciennes provisions, de nouvelles victuailles : sacs de couscoussou, haricots et pois chiches, nouveaux couffins de dattes et de figues, provision de sel, vessies de graisse de mouton et de beurre salé; deux outres d'eau complétaient la charge de chaque mulet.

Enfin, Marius put faire emplette d'un fusil de chasse Lefaucheux, avec douilles et munitions, et huit jours après leur arrivée à El-Ouad, tous trois reprenaient la route du sud-est, accompagnés des vœux de Samuel Lévy-Braham, devenu, en titre, représentant de la maison Mercurin père et fils.

L'animal blessé s'était relevé.

CHAPITRE VI

DANS LE DÉSERT

Nous savons que les connaissances géographiques de Marius Mercurin étaient fort élémentaires, quoiqu'il eût lu beaucoup de voyages vrais ou fabuleux, car il s'était toujours bien plus attaché aux aventures de ses héros qu'à la géographie ou à la topographie des lieux.

Son voyage excentrique de Biskra à El-Ouad lui paraissait avoir réuni le summum des difficultés possibles; il aurait seulement cru trouver plus de bêtes féroces telles que lions et panthères; les seuls échantillons de carnassiers sauvages qu'il eût encore aperçus se bornaient à deux hyènes et à un jeune chacal.

C'était donc plein de confiance qu'il s'éloignait d'El-Ouad, en songeant que les dangers des voyages en Afrique ont été bien exagérés par les historiens; et c'est tout guilleret et bien remis de ses fatigues par son séjour à El-Ouad qu'il chevauchait sur son chameau, exercice auquel il devenait très adroit, précédé de ses deux acolytes sur leurs bourricots conduisant les mulets chargés des victuailles et des objets de campement.

Dans la matinée, ils arrivèrent au village d'Amich, où recommence la zone des dunes. C'est une agglomération de trois à quatre cents maisons, avec cour intérieure, entourées de jardins bien clos et disposées de chaque côté de la route. Outre leurs occupations domestiques, les femmes s'y livrent à l'industrie des tissus de laine et à la culture des jardins, qui sont préservés de l'ensablement par de fortes palissades en palmes; l'arrosage en est des plus faciles, car le pays abonde de puits peu profonds (4 à 5 mètres) et intarissables à cause de la vaste nappe d'eau souterraine qui les entretient.

Près d'Amich, Marius visita un couvent (*zaouïa*) de l'ordre d'Abd-el-Kader-Djellali, où se forment les marabous sectateurs de ce saint; l'établissement est vaste, bien bâti et soigneusement entretenu; les moines musulmans partagèrent leur repas avec Marius et Ali, mais refusèrent l'entrée du couvent à Mardochée.

Quand la plus forte chaleur du jour fut tombée, la marche fut reprise à travers des dunes arides, où ne poussaient que quelques touffes de *drinn*[1], de rares malvacées et des cystes grillés par le soleil. Le bivouac y fut établi, et les animaux durent se contenter, cette nuit-là, d'une maigre provende.

Depuis le départ de Biskra, les nuits avaient été sans lune; maintenant le croissant de l'astre éclairait les premières heures qui suivaient le crépuscule, et les nuits suivantes devaient être de plus en plus claires, ce qui décida Marius, à cause de la chaleur diurne, à prolonger les repos du jour, pour marcher entre le coucher et le lever du soleil.

Le lendemain matin, on ne fit qu'une toute petite étape jusqu'aux dunes d'Arg-Fissa, où existe un excellent puits entouré d'un herbage encore vert, d'où s'enfuirent, avec la rapidité de flèches décochées par un bras vigoureux, une troupe de légères gazelles qui surprirent Marius sur le dos de sa monture sans qu'il pût les saluer d'un coup de fusil.

Les animaux de la petite caravane trouvèrent là une abondante pâture et d'excellente eau, et Marius fut assez heureux

1. *Arthratherum pungens.* — Cette graminée pousse en touffes dans les dunes; ses épis donnent un grain comestible appelé *laul.*

pour abattre un de ces petits lièvres des dunes qui, malgré son goût légèrement musqué, fit le fond d'un repas succulent.

On ne se remit que tard en route ce jour-là, à travers une chaîne de petites dunes entrecoupées de bas-fonds. La végétation continuait à être très rare; mais la marche de nuit permit de prolonger l'étape jusqu'au puits d'El-Azamin.

Comme on en approchait, Ali prévint Marius de se tenir prêt à faire usage de son fusil de chasse, les gazelles de la veille pouvant bien s'être réfugiées dans cette petite oasis. Ce fut un sage conseil; Marius et Ali mirent pied à terre, et, laissant les animaux à la garde de Mardochée, ils prirent les devants. Tous deux contournèrent une petite dune, en ayant soin de rester sous le vent, et eurent l'heureuse chance de voir le troupeau paissant tranquillement à moins de 50 mètres du pied du monticule.

Épauler, viser et tirer ne durèrent qu'un instant; un beau mâle resta étendu sur le gazon, pendant que le reste de la harde disparaissait, aussi rapide que le plomb de Marius.

Une terrible surprise était réservée aux chasseurs. L'animal blessé s'était relevé, et, par bonds saccadés, faisait de vains efforts pour se dérober par la fuite à leur poursuite; Marius s'apprêtait à l'achever d'une nouvelle charge de chevrotines, lorsque, d'un buisson dans lequel la gentille bête allait chercher un refuge, s'élança un souple animal, à l'allure féline, à la peau jaune tachée de larges ocellures noires, qui, tombant à l'improviste sur la gazelle, disparut avec elle en un bond, sans que Marius, surpris, songeât à lui envoyer sa charge; il est probable d'ailleurs qu'à moins d'irriter le carnassier, ce qui n'était pas sans danger, cela n'eût pas eu d'autre effet que de lui faire abandonner sa proie à ceux à qui elle revenait de droit. Le ravisseur était une magnifique panthère, et Marius résolut d'avoir toujours à l'avenir le coup gauche de son fusil chargé à

balle, et même d'armer Ali du fusil de munition à magasin,

quand il l'accompagnerait à la chasse, pour le lui tendre, en cas de semblables rencontres.

Il serait trop long et peut-être même un peu monotone de suivre nos voyageurs étape par étape; toujours des dunes à franchir ou à contourner, des haltes près des puits d'Oglet-Maceur, de Mechieb (le grisonnant), et l'arrivée à celui de Ghardaïa[1] où le pays change subitement d'aspect.

Le terrain s'aplanit et les dunes se font plus rares; la végétation devient abondante, et d'innombrables troupeaux de moutons y pâturent sous la garde des bergers du Souf, dont on voit les gourbis en branchages coupés aux arbrisseaux variés qui poussent en grande quantité dans le sable.

Sur ce parcours, Ali fit assister Marius à une singulière chasse. A chaque instant sous leurs pieds, partaient des couples de cette perdrix du sud de l'Algérie, à triple collier brun, d'une qualité bien inférieure à la perdrix rouge (bartavelle) du nord de notre colonie, et surtout à la petite perdrix grise de France; mais faute de grives, il faut savoir se contenter de merles, d'ailleurs ce gibier n'est point à dédaigner, malgré son goût caractérisé d'amertume.

Marius en avait déjà abattu un couple, lorsque Ali lui dit :

« Si tu veux rire, monsieur, ne fais pas parler la poudre, et regarde-moi travailler. »

Ce disant, il prit à Mardochée le fouet qui lui servait à conduire ses mules, débarrassa son âne de tout poids inutile, et partit au galop à travers la plaine. Le fouet claquait sans cesser, frappant les perdrix peu farouches, qui s'envolaient sous les pieds de l'âne ou se mottaient à terre. Au bout d'un quart d'heure de cet exercice, on se mit en quête du gibier tué de la sorte; la chasse avait été productive, et nos amis purent ramasser une vingtaine de perdrix; certainement un nombre au moins égal d'oiseaux tués ou blessés fut perdu.

Ce genre d'amusement, très pratiqué des Arabes du sud[2],

1. Ne pas confondre avec la ville de Ghardaïa, de la province d'Alger, dans le cercle de Laghouat.

2. Le même mode de chasse est usité dans les plaines de l'Uruguay, où l'auteur a vu un *gincte* de la *Bande-Orientale* tuer de la sorte sa charge de perdrix en moins d'une demi-heure.

Une panthère tomba à l'improviste sur la gazelle.

divertit beaucoup Marius; malheureusement la chaleur ne permit pas de conserver tout ce gibier qui se corrompait, et une grande partie de la chasse dut être jetée, faute d'un assez grand nombre de bouches pour la consommer à temps.

Au puits de Ghardaïa on prit un repos de deux jours, bien nécessaire aux bêtes de somme; les jours suivants, la tente fut dressée dans un fond herbeux où Ali signala quelques-unes de ces vipères à corne dont la morsure est généralement mortelle; et, sur son conseil, le lieu choisi pour le campement fut, au préalable, dégarni par le feu de toute végétation sur un rayon de plusieurs mètres, afin d'éloigner les dangereux reptiles.

Après Bir-Ghardaïa, le pays s'aplatit de plus en plus; les dunes s'abaissent, mais le sable devient très mouvant et fatigue beaucoup les chevaux, les ânes et les mulets. On campa dans un bas-fond où abondait le drinn, à Ghort-es-Seïd (Campement du grand Chef), lieu ainsi nommé parce qu'on y a trouvé les traces du séjour d'un lion; et douze jours après le départ d'El-Ouad, les voyageurs, un peu fatigués, arrivaient aux dunes de Rouba, où se croisent les routes de Ghardamès, du Souf et de la Tunisie. Le pâturage et l'eau y étaient abondants; le bivouac y fut établi pour une halte de quelques jours.

Le pays est très giboyeux, et Marius put approvisionner facilement le garde-manger de lièvres, de perdrix et de tourterelles; mais il ne put tuer de gazelles, qui, bien que nombreuses, sont très difficiles à approcher à portée de fusil; on vit aussi quelques antilopes extrêmement farouches. Marius, dirigé par Ali, parvint à tuer un de ces gracieux ruminants dans les conditions suivantes :

Si les pâturages sont riches et abondants aux environs de Rouba, l'eau y est très rare, sauf au puits même. Aussi, Ali, remarquant que les traces de gazelles et d'antilopes paraissaient toutes converger vers un même point, en conclut qu'il devait y exister de l'eau; en suivant les pistes, il arriva en effet à un petit bas-fond où aboutissait le thalweg d'un torrent qui, y apportant les pluies de l'hiver, devait, à certaines époques, changer le pays en une vaste mare, ainsi que l'indiquait la couche d'humus fendillé déposée par les eaux, et recouverte de scilles, d'iris et de glaïeuls. — Comme dans la plupart de ces oued, des trous creusés et maçonnés formaient, de distance en distance, des abreuvoirs fréquentés par les fauves et les ruminants du désert, comme par les caravanes.

Ali prévint Mardochée de sa découverte, et tous deux, pendant le repos de Marius, se rendirent au réservoir qui paraissait le plus fréquenté, et creusèrent, à proximité, un trou dans le sable, pour servir d'affût. Le soir, avant le coucher du soleil, Marius s'y posta avec Ali, et eut l'heureuse chance de tuer une jeune biche, dont la chair devait être bien meilleure que celle des animaux adultes et surtout des mâles, qui ont souvent un goût de bouc très prononcé.

A mesure qu'ils descendaient dans le sud-est, les dunes devenaient plus basses, et les chaînes moins nettement dessinées; les traces de gibier étaient toujours très nombreuses, et le fusil de Marius, tonnant deux ou trois fois par jour, fournissait de la venaison fraîche en quantité suffisante. On rencontra même des chasseurs venant du Sud, qui cédèrent une gazelle pour quelques poignées de figues sèches et un peu de sel, dont Marius se montrait moins avare, à mesure qu'on approchait du terme de cette partie du voyage.

Les jours suivants, le sable était devenu très mouvant; les animaux fatiguaient beaucoup et ne purent faire que de petites étapes. On bivouaqua aux dunes de Bou-Akou et à la koubba d'Ali-ben-Khezen, simple buisson chargé d'oripeaux et de bâtons de pèlerins en guise d'ex-voto : c'est le monument commémoratif d'une pluie miraculeusement obtenue par les prières du fils d'un saint marabout qui, près de mourir de soif, eut la pensée d'invoquer la protection de son père.

Après Ali-ben-Khezen, la petite caravane eut encore à faire

deux jours pénibles de marche dans des terrains de plus en plus mouvants, et sans trouver d'eau; les dunes s'élevaient beaucoup, et l'une d'elles, de près de 200 mètres de haut, avait la forme d'une pyramide quadrangulaire à arêtes très vives et à sommet tout à fait aigu.

Un peu plus loin, l'attention de Marius fut attirée par un groupe de petites constructions pyramidales qui rappellent un traité de paix entre les envoyés de Ghardamès et les tribus insoumises du Souf; les malicieux Souafas, qui fréquentent souvent ces parages, ont ironiquement armé les pyramides qui indiquent l'emplacement de leur camp de bâtons simulant des fusils, *adjutorium* dont ne sont pas armées les pyramides ghardamsiennes.

A Cheik-el-Gherad fut la dernière halte avant Ghardamès. C'est un terrain bas et humide où l'on trouve encore d'assez bons pâturages; ensuite la végétation devient presque nulle jusqu'à Sidi-Mabed, village qui possède d'excellents puits intarissables.

Nos amis avaient forcé la dernière étape, et étaient exténués lorsqu'ils arrivèrent à la porte principale de la ville, près de laquelle ils dressèrent encore une fois la tente, vu l'heure avancée qui ne leur aurait permis de trouver que difficilement, et avec un surcroît de fatigues, un asile pour eux et leurs bêtes; le lendemain matin, laissant la garde de la tente au jeune Maure, Marius se rendit avec Mardochée chez l'agent consulaire de France, Sidi el-hadj Tahar di Basidi, qui les accueillit avec sa bienveillante aménité habituelle, et leur indiqua une hôtellerie passable, où, après avoir longuement débattu les prix, Marius s'installa avec ses compagnons et leurs animaux.

Le jour même, l'acte passé entre Marius et Mardochée fut régularisé à la chancellerie du consulat, et leurs comptes réglés comme il avait été convenu, par une traite sur la maison Mercurin. L'état de désertion de Mardochée fut naturellement passé sous silence, et tous deux furent désignés comme négociants voyageant pour leurs affaires.

Le premier devoir de Marius fut de mettre sa correspondance à jour; puis, n'oubliant pas le sérieux pour l'agréable, il chargea Mardochée d'étudier les envois avantageux à faire à Théodule en toute sécurité, et, accompagné d'Ali, se mit à parcourir les divers quartiers de la ville, sur laquelle Sidi Tahar di Basidi lui fournit des renseignements des plus intéressants.

C'est en l'an 19 avant Jésus-Christ qu'apparaît pour la première fois, dans l'histoire du peuple romain, le nom de Cydamus (aujourd'hui Ghardamès), au moment de la prise de la ville sur les Garamantes par le consul Lucius Cornelius Balbus. Les seules traces qu'on y trouve de la présence des hommes avant l'occupation romaine sont quelques vestiges de grossières et colossales idoles en pierre, que les indigènes appellent *Senam*; et Pline le naturaliste, dans son récit des exploits du général romain, cite pour la première fois le nom de Cydamus. Hérodote raconte que les Garamantes formaient la nation la plus puissante de l'intérieur de l'Afrique; c'étaient, selon toute probabilité, les ancêtres des Touareg, qui en ont conservé les goûts belliqueux, avec leur prépondérance sur les tribus voisines.

Aujourd'hui Ghardamès est une ville de sept à huit mille âmes, gouvernée par un *Mudir*, représentant le Sultan, et dont la seule attribution paraît être l'assiette et la perception de l'impôt. Elle est située dans une oasis de palmiers entièrement entourée de fortifications en terre mal entretenues et flanquées de tours en ruine; l'intérieur de cette enceinte est lui-même divisé en deux cités bien closes où se cantonnent les *Beni-Oulid* et les *Beni-Ouasif* qui forment la population principale de la ville et n'ont que fort peu de communications entre eux.

Seule la place du marché leur est commune.

Ghardamès possède deux castes bien distinctes d'hommes libres : ceux qui ont le droit de cité, originaires de la ville, formant une sorte d'aristocratie; et les affranchis ou *Atria*, qui constituent une caste inférieure très nombreuse. Les premiers possèdent des nègres esclaves, généralement fort bien traités pendant leur servitude, et qui obtiennent leur affranchissement (c'est la loi du Prophète) après un certain temps de bons services, pour entrer dans la classe des Atria.

Les maisons de Ghardamès sont vastes, propres, bâties sur le type mauresque, à un seul étage, sans autre ouverture extérieure que la porte, tous les autres huis donnant sur une cour intérieure; elles sont recouvertes de terrasses qui les mettent presque toutes en communication; ce sont des lieux de réunion exclusivement réservés aux femmes, qui s'y rendent visite, ne sortant guère dans la rue que pour aller aux bains et rarement à la mosquée; et encore suivent-elles, pour ces trajets, des rues couvertes et peu fréquentées, dont l'usage exclusif leur a été tacitement abandonné par les hommes.

Les seuls édifices publics de Ghardamès sont les mosquées et les écoles y adjacentes; elles sont nombreuses et vastes, mais nullement monumentales et sans cachet.

Les habitants mangent fort peu de viande, et leur sobriété est extrême; ils vivent principalement de couscoussou, fait tantôt avec du gruau de froment, de la farine de maïs ou de sorgho, tantôt avec du millet pilé; c'est le mets principal, qu'on additionne quelquefois de tout petits morceaux de viande de mouton ou de chameau, de haricots, de fèves ou de pois chiches, et qu'on assaisonne de lait aigre.

Les légumes frais entrent aussi pour une grande part dans leur alimentation : ce sont les pommes de terre, le gombo, les aubergines, les concombres et les tomates, les raves et les navets, avec l'ail, l'oignon et le piment. Enfin, ils aiment beaucoup les fruits, dont ils ont une grande variété d'excellente qualité : dattes et figues, pastèques et melons, pêches, amandes et abricots, raisins, oranges et citrons abondent au souk le vendredi, et font chaque jour l'objet d'un des plus grands commerces de détail de la ville.

Les Ghardamsiens, en fait de fortune, apprécient surtout la propriété foncière et la possession des immeubles. Le prix des terrains s'établit d'après le nombre et l'âge des pieds de dattiers qui y poussent.

Ce nombre est, en général, proportionné aux facilités d'irrigation: et l'usage de l'eau, qui est parfaitement réglé, s'achète fort cher.

Le costume des habitants de la Tripolitaine diffère de celui des Algériens par l'absence du burnous et en ce que le turban des premiers est formé par l'extrémité d'un des haïks dont ils s'habillent. Tous, à quelque classe qu'ils appartiennent, portent au cou, attachées par un cordon, les clefs de leurs demeures.

Pendant le séjour de Marius à Ghardamès eut lieu la fête des Atrias, à grand bruit de tambours, de darboukas, de flûtes et de *g'nibri*[1]. Les hommes regardent gravement les femmes danser tantôt par groupes, tantôt isolément. Comme partout, elles aiment beaucoup la toilette et les bijoux; ici elles affectionnent particulièrement les couleurs voyantes et se surchargent littéralement le cou, la taille, les bras et les jambes, de colliers, de ceintures et de bracelets de clinquant sans valeur et de perles de verroterie.

Pour la fête des Atrias, hommes et femmes s'ornent la tête d'une grosse houppe de laine rouge assez semblable aux glands dont les muletiers de Castille ou de Catalogne garnissent les harnais de leurs équipages.

Pendant que Marius parcourait la ville et se promenait dans l'oasis qui l'entoure, Mardochée s'était sérieusement occupé des intérêts de son patron. Un beau jour, il lui soumit le résultat de ses recherches en lui proposant une double opération commerciale :

1° Achat de dattes, de figues et de raisins secs de provenance locale, — d'huile de palmes et d'arachides, de cafés, de muscade et de clous de girofle, d'indigo et de rocou apportés du Soudan par caravanes, et expédition de ces marchandises en France par la caravane de Tripoli et la voie de mer;

2° Achat de produits européens, étoffes, bimbeloterie, par-

1. Instruments de musique.

fumerie, horlogerie et articles de Paris venus de Tripoli, à transporter à Ghrat.

Mardochée demandait à Marius de vouloir bien l'accepter pour associé dans ces deux opérations. Confiant dans l'esprit mercantile de son domestique, Marius accepta ses propositions; les premiers achats et leur expédition furent faits par moitié et, vu les relations de Mardochée parmi ses coreligionnaires, payés en traites revêtues des signatures des deux associés, double garantie qui en facilitait la négociation, en leur donnant une plus grande valeur commerciale.

Quant aux objets destinés à être vendus à Ghrat, ils furent payés comptant, et Mardochée reçut l'ordre de tout préparer pour le départ.

Il expliqua à Marius que la caravane d'Ibrahim, arrivée à Ghardamès quelques jours avant eux, était sur le point de se mettre en route pour la même destination. Avec son assentiment, il s'aboucha avec le farouche musulman, qui, pour un prix absurdement exagéré, et payé d'avance, voulut bien autoriser Marius et ses compagnons à profiter de son escorte, mais rien que d'elle, sans l'eau ni les vivres.

Marius, jugeant que si la route était libre pour Ibrahim et les siens, elle pourrait bien l'être aussi pour lui, refusa avec enthousiasme ces conditions draconiennes, et décida qu'on partirait quelques heures après le musulman et sa caravane pour les suivre à petite distance et camper chaque jour sur l'emplacement qu'ils auraient occupé la veille.

Quatre autres chameaux vigoureux, mais d'une race bien plus commune que le noble mehari, furent achetés pour porter les marchandises avec un supplément d'eau et de vivres, et Marius s'adjoignit, comme escorte, deux cavaliers bien armés et très recommandés par notre agent consulaire pour leur honnêteté, leur bravoure et leur connaissance approfondie du désert; un chamelier nègre fut adjoint à Ali pour la conduite des bêtes de somme.

Enfin, par mesure de prudence contre la rencontre possible de rôdeurs du désert, Ali et Mardochée furent armés de fusils à répétition, Marius gardant pour lui-même celui du zouave déserteur, son arme de chasse et son revolver.

Et vingt-quatre heures après le départ d'Ibrahim, Marius et les siens quittaient aussi Ghardamès pour suivre, dans le désert, ses traces sur la route de Ghrat.

La troupe des chasseurs était suivie d'esclaves à pied.

CHAPITRE VII

SÉJOUR CHEZ LES TOUAREG

Le pays à traverser pour aller de Ghardamès à Ghrat est celui des nomades Touareg Azger, ennemis héréditaires de leurs congénères les Touareg Ahoggar, assassins de la mission Flatters.

Naturellement hospitaliers, ils sont animés des meilleures intentions à l'égard des paisibles négociants qui traversent leur pays, et tout disposés à prêter leur concours à ceux qui s'efforcent de leur porter les bienfaits de la civilisation et d'assurer sur le parcours des caravanes une tranquillité bien nécessaire à leur propre intérêt.

Il en est tout autrement des Touareg Ahoggar, essentiellement pillards, vivant de brigandage aux dépens des tribus voisines, sur le territoire desquelles ils font de fréquentes incursions, et des caravanes qu'ils surprennent.

Marius et sa petite troupe suivaient paisiblement la route de Ghrat; la piste, très fréquentée, était si large et si facilement reconnaissable qu'il n'était pas besoin des traces de l'imposante caravane d'Ibrahim, laquelle n'avait d'autre utilité que d'écarter, par son voisinage, les rôdeurs possibles de grand'route, dans le cas peu probable, mais qui n'est pourtant pas sans exemple, où un parti de Touareg Ahoggar aurait osé s'aventurer jusque-là.

La première journée fut assez fatigante; il faut traverser de vastes plateaux pierreux appelés *hamada* où les chameaux, dont la plante spongieuse est surtout faite pour marcher sur le sable, progressent fort lentement, et où chevaux, ânes et mulets font à chaque instant des faux pas qui provoquent des chutes fréquentes et les fatiguent beaucoup.

Tout le pays est couvert d'une assez maigre végétation, suffisante pour la nourriture des sobres chameaux, et qui vint considérablement en aide aux provisions d'orge apportées pour les autres bêtes de somme, sur lesquelles ils ont l'inappréciable avantage de rester plusieurs jours sans boire ni manger, ruminant lentement, tout en marchant, et jusqu'à sept fois, leur dernier repas, qui passe et repasse ainsi dans les nombreux replis de leur estomac complexe.

Le misérable gazon qui poussait entre les pierres de l'hamada servait de refuge à une quantité prodigieuse de gibier : lièvres, lapins et perdrix pullulaient littéralement, et l'on apercevait des gazelles et des antilopes, tantôt en troupes, tantôt par couples isolés, ou des femelles accompagnées de leurs faons.

Marius essaya inutilement de poursuivre quelques-uns de ces légers animaux qui, comme s'ils eussent connu la portée de nos armes, se tenaient toujours à bonne distance, partant comme des flèches, pour recommencer tranquillement à paître un peu plus loin, dès que le chasseur se croyait assez près pour les mettre en joue.

Des vols d'innombrables étourneaux tourbillonnaient, cachant par moments le ciel, faisant *fantasia*, disent les Arabes; et des compagnies de poules de Carthage se levaient à chaque instant devant les voyageurs.

Sur le conseil des Arabes, Marius ne fit pas parler la poudre, car on était largement pourvu de viande fraîche, et ils assuraient que les jours suivants on trouverait autant de gibier; ils s'engageaient même à lui faire tuer gazelles et antilopes et à le faire assister à des chasses curieuses si l'on rencontrait quelque campement de Touareg.

On bivouaqua ce jour-là à Ketchem-bir-Talha près d'un puits médiocre d'environ 7 à 8 mètres de profondeur. L'eau y était peu abondante; c'était l'inconvénient de suivre de trop près une nombreuse caravane qui l'avait presque épuisé; et il était d'autant plus grave que, pendant les trois jours suivants, l'eau devait totalement faire défaut; on pouvait même craindre de marcher toute une semaine sans en trouver, éventualité qui n'est pas rare, le puits qu'on rencontre le quatrième jour étant souvent à sec, et sa distance de la plus prochaine aiguade étant de trois à quatre jours.

Aussi, l'eau de Bir-Talha étant un peu trouble et d'un goût douceâtre, celle apportée de Ghardamès, qui était d'une qualité tout à fait supérieure, fut précieusement conservée. On abreuva donc tous les animaux avec l'eau de Bir-Talha, et les outres vides en furent remplies après qu'on l'eut mise à déposer et décantée.

C'était là une opération longue et minutieuse; elle occupa toute la nuit, et les voyageurs, exténués, n'étaient pas en état de repartir le lendemain matin.

On se reposa donc un jour, tout en finissant le plein des outres; et le soir, les animaux ayant encore été copieusement abreuvés, surtout les chameaux, qui devaient rester plusieurs jours sans boire, et ne sont pas difficiles sur la qualité de l'eau, la marche fut reprise sur les traces d'Ibrahim.

Pendant les quatre jours suivants, ce fut la même succession de plateaux pierreux entrecoupés de lits de torrents desséchés; on marchait la nuit pour éviter la plus grande chaleur, et le jour on campait, sans avoir trouvé d'eau, sous les rayons torrides d'un soleil de plomb.

La monotonie de la route était coupée pour Marius par

l'abondance du gibier; et matin et soir, pendant que les rayons réfractés du soleil éclairaient la marche, il put fournir la petite colonne de venaison fraîche, sans guère s'écarter de la route. Il était cependant dépité du manque de variété du gibier qu'il pouvait abattre, et grillait d'envie de tuer quelques-unes de ces antilopes ou de ces gazelles qui semblaient le narguer de leur regard à la fois ironique et doux, sans qu'il pût les approcher, malgré la remarquable vitesse de son mehari, sur lequel il était devenu cavalier émérite.

Six jours après avoir quitté Ghardamès, nos amis arrivaient à Deug-el-R'ar, où ils espéraient trouver un peu d'eau, tout en craignant une déception. Sans que leur espoir se réalisât tout à fait, la déception ne fut pas complète.

En effet, le puits ne contient d'eau qu'après les pluies; et s'il s'en trouvait encore au passage d'Ibrahim, elle avait été épuisée. Cependant le fond du puits contenait encore une boue très liquide dont les Arabes d'escorte montrèrent le moyen de tirer parti.

Voici le procédé qui fut employé : des fascines de branchages tressées en forme de cylindre furent enfoncées dans la vase molle, et vidées de celle qui s'y était introduite; et pour les empêcher de se remplir de nouveau, des cercles de même nature furent déposés au fond. Les fascines formaient ainsi des espèces de filtres grossiers, à travers les parois desquels l'humidité ne tarda pas à suinter; ces trous s'emplissaient lentement, il est vrai; mais l'eau ainsi recueillie, malgré sa qualité inférieure, permit d'abreuver tous les animaux en ménageant la provision.

Néanmoins chevaux, ânes et mulets souffraient de la privation de nourriture; le maigre pâturage de la route, suffisant pour les chameaux à l'estomac complaisant, ne l'était nullement pour les autres bêtes de selle et de somme, auxquelles il fallait de temps en temps donner une ration supplémentaire d'orge. On ne pouvait pas leur permettre un repos prolongé qui eût nécessité une nouvelle distribution d'eau; et il fallait faire encore trois jours de marche avant d'en trouver.

L'hamada se continue sans interruption jusqu'à Hachit-el-

Remel (Commencement du Sable), où la route devient moins pénible, surtout pour les chameaux; en effet, elle traverse tantôt des terrains sablonneux, tantôt des terrains pierreux.

Pendant la plus forte chaleur, on fit halte dans le cône raccourci d'ombre portée par une dune escarpée; il y végétait un petit gazon qui ne fut pas dédaigné par les animaux affamés, auxquels il contribua à rendre un peu de vigueur.

Cette journée fut très rude pour les hommes; mais l'espoir d'avoir de l'eau, le soir même, maintenait leur courage, et la marche fut reprise à quatre heures.

Une surprise inquiétante attendait les voyageurs; au bout de deux heures de marche, ils virent une fumée s'élever dans l'air à l'emplacement du puits; il était donc occupé. Par qui? C'était une terrible perplexité; dans le cas d'une attaque, leurs forces épuisées ne leur eussent pas permis de se défendre avantageusement, et cependant le renouvellement de l'eau à bref délai était devenu une question de vie ou de mort, ce qui en restait dans les outres étant à peu près corrompu.

Les circonstances commandaient la prudence; comme on n'avait pas encore été aperçu, l'on mit pied à terre; puis, pour rendre un peu d'énergie aux quadrupèdes, on partagea entre eux ce qui restait de cette mauvaise eau et on leur fit manger un peu d'orge; les hommes se réconfortèrent de quelques dattes et d'une gorgée d'eau; puis les armes furent soigneusement visitées et chargées, et à six heures et demie l'on se remettait en selle.

Les deux Arabes d'escorte obtinrent de leurs fringants petits chevaux un nouvel effort, et prirent les devants au galop, prêts à se replier selon l'accueil qui leur serait fait; Marius, Mardochée, Ali et le nègre avançaient derrière aussi rapidement que le permettait l'allure des paisibles montures des trois derniers.

Au bout de quelques minutes on put apercevoir les tentes rayées de noir, de brun et de blanc d'un campement targui[1].

Les Azger, journellement exposés aux attaques de leurs voi-

1. Targui au singulier. Touareg au pluriel.

sins les Ahoggar et autres coupeurs de route, se gardent mieux que les imprévoyants et fatalistes Arabes de l'Algérie.

Aussi les éclaireurs de Marius ne tardèrent pas à être signalés; une dizaine d'indigènes, bien armés, s'élancèrent sur leurs chameaux à la rencontre des deux cavaliers, qui, l'arme à la cuisse, s'arrêtèrent à portée de fusil, levant, en signe de paix, le bras droit au ciel, la paume ouverte tournée vers les arrivants.

Le même signe aussitôt répété de celui qui paraissait le chef de l'autre camp, les deux cavaliers s'élancèrent au galop, déchargeant leurs armes en l'air, et se mirent à exécuter, suivant l'usage, une petite fantasia en l'honneur des premiers occupants qui, faisant aussi parler la poudre en forme de salut, s'avancèrent rapidement à leur rencontre, au trot des longues jambes de leurs mehara, et les accompagnèrent à la rencontre de Marius qui, voyant l'accueil fait à ses émissaires, pressa l'allure de sa monture pour les rejoindre au plus tôt, laissant en arrière ses compagnons chargés de la conduite des bêtes de somme.

Bientôt tout le camp targui fut en branle; ceux qui étaient restés à la garde des tentes, les femmes, les enfants, tous accouraient pêle-mêle, avec les chiens aboyants, à la rencontre des étrangers qui se trouvèrent bientôt mêlés à cette foule au milieu de laquelle ils marchèrent gravement jusqu'au campement.

Comme chez les Arabes, l'hospitalité est sacrée chez les Touareg. Elle est même respectée des Ahoggar, quoique ces derniers aient rarement occasion de l'exercer. Ils regardent comme un hôte celui qui a mangé avec eux, le repas pris en commun fût-il des plus sommaires; le partage d'une seule poignée de dattes suffit pour cimenter ce qu'ils appellent l'alliance du pain et du sel.

Aussi, quand deux troupes se rencontrent inopinément, est-il d'usage que les chefs s'offrent réciproquement, pour s'assurer des intentions mutuelles, quelque nourriture, et chal'une peut être assurée des dispositions amicales, ou du moins pacifiques de l'autre, si l'invitation a été acceptée. Quand on n'est pas pressé par le temps, cette cérémonie est généralement suivie d'un grand repas à frais communs.

Marius et ses compagnons furent conduits par le cortège devant un vénérable vieillard, aux yeux vifs, à longue barbe blanche; il s'inclina devant le patriarche et, serrant dans ses deux mains la main qu'il lui tendait, la lui baisa respectueusement; les Arabes s'avancèrent vers lui par rang d'âge, et, lui prenant la tête entre les deux mains, l'embrassèrent à tour de rôle. Il acceptait ces hommages avec une grande dignité, comme chose due; mais, sans que son orgueil parût en souffrir, sa physionomie trahissait une vive et sincère émotion.

Sur un signe de lui, une grande jarre de lait fut apportée avec un plateau de couscoussou. Il dit alors à Marius quelques mots que put traduire l'un des Arabes d'escorte :

« Étrangers, soyez les bienvenus si vos intentions sont pures, et partagez mon repas, que je vous offre de bon cœur.

— Je te remercie pour nous tous, lui répondit Marius par la voix de son interprète; je suis honoré de prendre le pain et le sel avec toi et les tiens. »

Puis, sur le conseil de l'Arabe, il ajouta :

« Tu permettras à ton serviteur d'apporter sa misérable offrande pour te prouver que ses intentions sont pures. »

Il fit alors apporter quelques dattes, et le vieillard, entre ses deux fils aux cheveux déjà gris, fit asseoir Marius et les trois Arabes sur des nattes en face de lui. D'une longue cuiller de bois il présenta, comme à une sorte de communion, à chacun de ses hôtes une bouchée du mets commun; puis l'aîné de ses petits-fils fit circuler la jarre de lait, où chacun trempa ses lèvres. Le véritable repas commença après cette touchante cérémonie, et quand les appétits commencèrent à se calmer, Marius offrit ses dattes et ses figues, en commençant par le patriarche, et chacun prit sa part des vivres apportés par les nouveaux venus.

L'alliance ainsi cimentée, Marius demanda au vieux Targui

de permettre aux siens d'offrir le lendemain un repas à la tribu; l'offre fut acceptée à charge de revanche.

Et comme le court crépuscule avait fait place à la nuit, Marius salua le vieillard, que les Arabes baisèrent de nouveau pour témoigner de leur respect pour son grand âge, et ils se retirèrent dans le cantonnement préparé par Mardochée, avec l'assistance du nègre, auprès du campement targui.

Le lendemain matin, Ali négocia l'achat d'un mouton qui fut troqué contre un miroir et quelques charges de poudre; Mardochée apprêta l'animal avec l'inévitable plat de couscoussou et des pois chiches; le tout fut copieusement arrosé de lait aigre, et quelques dattes terminèrent le festin.

Tant qu'il y eut de quoi manger, l'on mangea, et chacun s'endormit du sommeil qu'engendrent une conscience pure et un estomac satisfait.

La journée de goinfrerie n'était pourtant pas terminée; le soir, ce fut le tour des Touareg de régaler leurs nouveaux amis; jusqu'à la nuit on mangea encore du mouton et du couscoussou, toujours arrosé de lait aigre. Et pour terminer le repas, on absorba une énorme quantité de beignets de farine d'amande à la fleur d'oranger et au miel, frits dans une huile rance, horrible et nauséabonde pâtisserie que Marius eut le courage de goûter sans témoigner sa répugnance, pour ne pas offenser ces braves gens qui le recevaient si cordialement.

De pareilles agapes ne sont pas communes chez ces peuplades essentiellement sobres, mais dont les estomacs complaisants ont la faculté de recevoir, à l'occasion, sans en être incommodés, des quantités invraisemblables de viande.

Marius et les siens, qui avaient un véritable besoin de repos, se retirèrent de bonne heure; leur nuit ne fut interrompue que par les chants et la musique plus bruyante qu'harmonieuse de leurs voisins. Il sembla cependant à Marius que, parfois, à ces tons suraigus se mêlait une forte contrebasse lointaine qui ne laissait pas de l'impressionner vivement.

Ils se levèrent frais et dispos, tandis que leurs voisins, encore lourds des excès de la veille, digéraient en dormant, comme des boas rassasiés.

Les puits d'*Inzerdjan* entretiennent dans leur voisinage une fraîcheur à la faveur de laquelle pousse une herbe touffue précieuse aux caravanes qui y font escale. L'épuisement des animaux de Marius ne permettait pas de se remettre de sitôt en route; et les hommes, eux aussi, étaient très fatigués; aussi résolut-il de prolonger la halte et de profiter du voisinage des Touareg pour réconforter sa troupe de quelques repas de viande et de légumes frais. Une espèce de melon d'eau sauvage poussait en abondance aux abords du puits; ce fut un précieux rafraîchissement et un aliment végétal fort apprécié des voyageurs.

Autant pour acheter des agneaux que par courtoisie, Marius alla donc voir le vieux patriarche, qui accéda sans peine à sa demande contre le troc de quelques objets d'échange; le vieillard lui apprit que, peu de jours auparavant, une grande caravane avait campé à Ouassidi, sans entrer en relations avec les siens. Ce ne pouvait être que celle d'Ibrahim, dont la distance augmentait chaque jour.

Enfin, le vieux Targui annonça à Marius que, pour fêter la bienvenue de leurs nouveaux amis, ses jeunes gens avaient organisé pour le lendemain une grande chasse, et l'invita à y assister avec les siens.

La présence d'un lion et de sa compagne avait été signalée à quelques kilomètres, dans le sauvage labyrinthe d'un massif de dunes qui cachait leur repaire. C'étaient sans doute leurs rugissements qui, mêlés à la musique targui, avaient si fort agité Marius pendant la nuit. On devait les attaquer le matin, et l'après-midi on chasserait à courre et au faucon les nombreuses variétés de gibier qui fréquentaient l'oasis et ses environs.

Tout ému d'une semblable perspective cynégétique, Marius quitta le vieillard; il visita soigneusement lui-même ses armes et celles de ses compagnons, fit doubler les rations de son mehari, du meilleur des chameaux pour Ali et des chevaux des deux autres Arabes; les harnachements reçurent quelques réparations nécessaires, et le reste de la journée se passa dans un doux farniente, entrecoupé, pour l'imagination de Marius, d'hécatombes de lions, de panthères, de gazelles et d'antilopes.

Bien avant le point du jour, les chasseurs s'assemblaient. Les deux fils du patriarche, sur des mehara de pure race, conduisaient la marche, escortés de leurs aînés montés, comme eux, sur des bêtes de sang; leurs serviteurs, sur de moins nobles chameaux, leur faisaient la haie.

Derrière venaient Marius et les trois Arabes. Les autres jeunes hommes de la tribu les suivaient, plus ou moins bien montés.

La troupe des chasseurs était suivie d'esclaves à pied, tenant en laisse une splendide meute de *sloughis*[1]. On avait laissé au camp les faucons, auxquels devait revenir l'honneur de l'après-midi.

Pour attaquer le lion, l'heure la plus favorable est, sans contredit, celle où, bien repu, les sens alourdis par une digestion lente et souvent pénible, les yeux appesantis de sommeil, ses instincts guerriers et ses appétits sanguinaires se trouvent un moment engourdis.

A quatre heures du matin, les chasseurs arrivaient au Nord des dunes, dont le constant abri de leur ombre portée favorisait la végétation d'un épais taillis préservé par elles des ardeurs du vent brûlant du Sud.

Là, chevaux, mehara et chameaux furent laissés à la garde des esclaves; on devait attaquer et combattre à pied, les mouvements désordonnés des montures effrayées pouvant compromettre la justesse du tir.

Deux nègres vigoureux. armés de fouets, avaient la direction de la meute, à quelques pas en arrière.

Les fils et les petits-fils du patriarche portaient de bons fusils à percussion centrale, de provenance allemande; parmi leur suite, quelques-uns, très orgueilleux de leurs armes, avaient de ces fusils de traite, armes dangereuses, s'il en fut, pour celui qui s'en sert. Les autres, mieux armés de fait, mais jaloux

1. Grand et vigoureux lévrier d'origine arabe.

des mauvais fusils de leurs compagnons, portaient de forts arcs d'aloès et des flèches faites de la dure enveloppe du palmier, qui cassent dans la plaie, et font des blessures mortelles.

A l'Est, des bandes d'or et de feu dominaient le brouillard, que ne tardèrent pas à percer, puis à dissiper, les premiers rayons du soleil.

Le repaire des fauves avait plusieurs entrées : c'étaient d'étroits boyaux donnant accès dans l'inextricable lacis des dunes; deux paraissaient surtout fréquentées. Les chasseurs furent répartis à chaque ouverture, pour marcher vers le centre dans le plus grand silence; on ne pouvait manquer de surprendre ainsi les fauves, que les chiens devaient dépister, s'il en était besoin.

A mesure qu'on avançait, les dunes se rapprochaient, et les corridors qui les séparaient se réunissaient; les chasseurs marchaient donc en ordre de plus en plus serré.

Cinq allées principales aboutissaient à une sorte de cirque central, où se dressait un de ces amas de blocs erratiques, apportés là par quelque déluge préhistorique. Il n'était pas douteux que ce fût l'antre des lions; les abords en étaient encombrés de monceaux d'ossements et de débris d'animaux aux émanations putrides.

La ligne de circonvallation des chasseurs se resserrait toujours; bientôt on ne fut plus qu'à quelques mètres du fort; aucun bruit n'avait révélé aux fauves la présence de leurs ennemis. Il devenait cependant téméraire d'approcher davantage; sur un signe du chef, la marche fut arrêtée, et la meute amenée.

On lâcha les chiens : les uns, pris d'une terreur subite, commencèrent un concert de lugubres hurlements, cherchant la fuite entre les chasseurs qui les ramenaient vers le centre à grands coups de pieds : c'étaient les jeunes, peu habitués aux fauves émanations des puissants félins. Les autres, plus expérimentés et mieux aguerris, s'avançaient vers le bloc central, qui avec fougue, qui avec une craintive prudence, suivant leur caractere.

Cependant rien ne bougeait, et les plus hardis sloughis avaient déjà pénétré dans les couloirs des cheminées.

Soudain d'horribles hurlements se firent entendre parmi des aboiements furieux, et l'on vit s'enfuir dans toutes les directions les plus couards de la meute.

La lutte était engagée ; dans l'antre, le concert continuait, entremêlé de jappements aigus, de forts coups de gueule et de hurlements plaintifs, annonçant que les fauves étaient peu disposés à abandonner la place aux envahisseurs.

Déjà des chiens sortaient, les reins brisés ou traînant leurs entrailles; la fanfare diminuait à tel point qu'on sentait que la meute, rudement accueillie, avait dû subir un terrible échec et des pertes nombreuses.

Il fallait prendre un parti, à peine de voir détruire les chiens jusqu'au dernier, sans aucun résultat.

Un jeune Targui, muni de torches, et tout fier de sa mission qui le classait parmi les braves, escalada les rochers sous lesquels se continuait en sourdine le concert sensiblement diminué ; il lança les torches enflammées sur un vague grouillement d'animaux enlacés dans l'enceinte des roches.

Tout à coup, de la principale entrée, au milieu d'une trombe hurlante de chiens, bondit un superbe animal, lion à toute crinière, bien noire, balayant tout du terrible fouet de sa queue puissante.

C'était un terrible adversaire!

A la vue de la barrière humaine qui l'entourait, il s'arrêta, témoignant plus d'étonnement que de crainte ; un moment, il parut réfléchir, la queue raidie comme un chien en arrêt ; puis un rugissement ébranla les airs et fit frémir les cœurs; la crinière se dressa hérissée, la queue se mit à battre nerveusement les flancs de coups de plus en plus répétés; son œil devint rouge: il cherchait une victime. Se ramassant sur lui-même, il allait bondir quand une fusillade bien nourrie éclata, suivie du sifflement des flèches meurtrières.

Il bondit en vain ; c'était fait de lui. Il retomba foudroyé.

Des cris de triomphe saluèrent sa chute, et les plus téméraires s'élançaient déjà vers le cadavre de l'animal féroce, quand ils furent rappelés à la prudence par l'apparition subite d'une belle lionne, à la robe jaune, suivie de deux lionceaux déjà vigoureux.

Quand la lionne aperçut son mâle immobile, baigné dans une mare de sang, elle s'arrêta soudain. Un horrible cri de douleur et de rage sortit, en sifflant, de sa gorge; elle regarda ses petits, rugit de nouveau, et tous trois, comme s'ils se fussent compris, s'élancèrent en même temps sur un seul point, pour faire une trouée.

Une seconde détonation ébranla les airs; l'un des lionceaux criblé resta sur place; la lionne tomba, une patte brisée: elle bondit encore de ses trois membres valides, fouettant l'air de sa queue. Elle arriva comme une catapulte sur un groupe d'indigènes, broya l'épaule de l'un, déchira la cuisse de l'autre, et renversa le reste du choc irrésistible de sa tête superbe et de sa terrible queue.

Elle passa suivie de son petit.

Les armes n'étaient pas rechargées; elle reçut cependant une bordée de flèches, dont quelques-unes la touchèrent. Elle se retourna pour faire tête, mais la carabine à magasin de Marius n'avait tonné que deux fois. Cinq fois elle résonna encore, et chaque fois la lionne accusait le coup; enfin elle s'affaissa, pour ne plus se relever, à l'entrée du taillis où elle allait chercher refuge, et où disparut le lionceau.

La victoire avait été chèrement payée; deux indigènes étaient gravement blessés; un troisième avait le bras cassé et d'autres, de fortes contusions. Elle fut cependant saluée par de joyeuses acclamations; la vue des cadavres des trois fauves excitait une telle frénésie qu'on en oublia un moment les malheureuses victimes.

Chacun voulait toucher les lions, palper la crinière, ouvrir les gueules, voir les dents, mesurer les griffes. D'aucuns les injuriaient, d'autres riaient follement; il en était qui gambadaient niaisement, qui se vautraient sur les corps sanglants. On se livrait à toutes sortes d'excentricités; c'était un vrai délire, auquel participaient les trois Arabes de Marius.

Le lutte était engagée.

Seuls les chefs touareg et Marius conservaient leur dignité; ils donnèrent les premiers soins et firent des pansements provisoires aux blessés.

Quand enfin le calme fut rétabli, les lions furent dépouillés, et les meilleures parties de leur chair enlevées pour être partagées entre les diverses familles du douar. On n'oublia pas les cœurs, qui, suivant la tradition, donnent de la force et du courage à ceux qui les mangent.

Enfin les blessés furent placés sur des civières coupées dans le taillis voisin, et des esclaves furent chargés de les transporter au campement; leurs montures portèrent les dépouilles des fauves, et la troupe se remit en route pour le camp, qu'elle atteignit vers dix heures.

Une clameur de joie accueillit les chasseurs; les blessés furent rendus à leurs familles, qui paraissaient plus fières de la victoire de la tribu qu'affligées des maux des leurs.

Le faucon fut en un instant sur l'outarde.

CHAPITRE VIII

LES TOUAREG

Touareg, en arabe, est le pluriel du participe *târek*, qui veut dire *abandonné*.

Ce nom est considéré comme une injure pour ceux à qui nous le donnons ; il leur vient de ce qu'ils ont longtemps refusé de se ranger sous la bannière de Mohamed, et qu'après avoir embrassé l'islamisme, ils l'ont renié pendant une période assez longue.

Leur véritable nom est Imôhagh ou Imôcharh, mots dérivés du verbe arabe *iôhagh*, qui signifie être libre.

Leur origine est douteuse ; deux traditions contraires les font venir de Ghardamès et de Tombouctou. Peut-être ont-elles raison l'une et l'autre, et là pourrait bien remonter l'origine de l'inimitié qui sépare les Azger des Ahoggar.

Les Touareg forment quatre confédérations indépendantes :

Les Azger, au N.-E. ; les Ahoggar, au N.-O. ; les Aïr, au S.-E. ; les Aouelimmiden, au S.-O.

Elles comprennent quatre castes bien distinctes : les nobles, les marabouts, les serfs et les esclaves. Les trois premières ne s'appliquent pas seulement aux individus ; il existe aussi des tribus nobles, des tribus marabouts et des tribus serves, auxquelles il convient d'ajouter les tribus mixtes, composées d'individus des trois états, et des tribus alliées. Toutes ont un grand nombre d'esclaves.

Il n'existe pas, à proprement parler, de pouvoir souverain chez les Touareg ; cependant toutes les tribus accordent une grande déférence à un même chérif, ou *Amghâr* descendant d'une famille noble qui avait su s'arroger et conserver l'autorité absolue pendant deux siècles, mais qui, dans une révolution sociale, finit par être chassée par ses sujets avec le concours d'étrangers qui sont devenus les tribus alliées.

Les nobles sont la classe dirigeante ; ils jouissent seuls des droits politiques, et se réunissent périodiquement pour discuter les intérêts communs. Essentiellement guerriers, batailleurs, ils satisfont leurs goûts militaires, suivant leurs tendances natives, à protéger les caravanes et à assurer la libre circulation des routes, ou bien à exercer le brigandage, à piller les voyageurs et à mettre les caravanes à contribution. Ils croiraient se déshonorer en se livrant à un travail manuel quelconque.

Les marabouts sont les ministres de la religion, à la fois prêtres, magistrats et professeurs, ils enseignent le Coran et l'histoire, et rendent la justice. Ils ont une grande influence et sont généralement très vénérés.

Les serfs sont des sujets corvéables et contribuables ; mais ils ne sauraient être inféodés personnellement à aucun seigneur, et ne doivent de redevance et de corvées qu'à la tribu à laquelle ils appartiennent ou dont ils dépendent.

Les mariages ne sont pas rares entre nobles et serfs ; mais, tout au contraire de nos mœurs, l'enfant appartient à la caste de la mère.

Les esclaves sont tous nègres. « Il n'y a pas, dans toute la

« confédération, plus de cinq ou six familles assez pauvres pour « n'avoir pas au moins une négresse [1]. »

Ils proviennent, en majorité, des marchés de Tombouctou, où les habitants d'Aïn-Salah, qui en font plus spécialement le commerce, vont les acheter en caravane.

L'esclavage est des plus doux chez les Touareg, comme chez tous les peuples musulmans, où l'esclave est traité comme s'il était de la famille. C'est plutôt une sorte de domesticité. La principale occupation des esclaves mâles est de conduire et de garder les troupeaux; les femmes sont les servantes du ménage.

Contrairement à ce qui se passe dans la société arabe, la femme est, chez les Touareg, l'égale de l'homme; instruite suivant sa condition, elle conserve le droit de disposer de sa main sous la réserve de l'acceptation paternelle, elle peut être commune en biens avec son époux, ou vivre dans une sorte de régime de séparation de biens. L'éducation des enfants lui est exclusivement abandonnée, et nous avons vu que c'est elle qui leur confère le rang qu'ils doivent occuper dans la société.

Quoique la loi musulmane accorde à l'homme le droit de polygamie, les Touareg vivent dans l'état de monogamie, conséquence naturelle du rang qu'occupe la femme légitime dans la famille, et du respect dont elle est entourée de son époux et de ses enfants.

Les Touareg sont musulmans; le rite malékite est le plus suivi; la femme est tenue aux mêmes devoirs religieux que l'homme; le voyage de la Mecque confère à ceux qui l'ont accompli la qualification d'El-Hadj, titre qui leur attire toujours et partout respect et vénération.

La race targui est grande; quoiqu'ils soient bien musclés, ils sont généralement maigres, secs et nerveux; leur barbe est peu fournie, et leurs cheveux sont raides. Les hommes sont vigoureux et infatigables; le type des femmes est beau et distingué; elles sont en général bien faites et ont le port altier.

Malheureusement, chez les deux sexes, il y a beaucoup d'af-

1. Henri Duveyrier, *les Touareg du Nord*, p. 338.

fections des yeux et de cas de cécité, ce qu'il faut attribuer à l'intensité du soleil et à sa réverbération sur le sable.

Leurs principaux caractères moraux sont une bravoure sans bornes, une extrême sobriété, la fidélité à leurs engagements, l'hospitalité, la patience et la résignation, un immense respect pour la vieillesse, la religion et ses ministres, la charité envers les malheureux et la haine de l'oppression.

Mais, quoi qu'en dise Ebn-Khaldoûn dans son histoire des Berbères[1], ils sont vindicatifs et cruels dans leurs vengeances. On en cite comme exemple l'anecdote suivante :

Le fils d'un chef qui avait été tué dans une embuscade feignit longtemps d'ignorer qui était l'assassin de son père. L'ayant un jour rencontré, il lui proposa de lui emplir le ventre; l'invitation ayant été acceptée de l'assassin, qui ne connaissait pas le fils de sa victime, on lui lia bras et jambes, et on lui fit avaler de force une décoction de plantes stupéfiantes; pendant son sommeil on lui fendit le ventre, qu'on emplit de cailloux, et on le recousit. — Quand la douleur l'éveilla : « Je t'ai rempli le ventre comme je te l'avais promis, dit le fils du chef assassiné; va-t'en maintenant, toi qui as tué mon père. »

Les Touareg ont peu d'armes à feu; leurs armes offensives les plus usitées sont la lance, les arcs et les flèches, avec un long sabre au côté gauche et un poignard attaché à l'avant-bras; ils portent en outre au poignet droit un lourd bracelet de pierre destiné à augmenter la force d'un coup de sabre. Comme arme défensive, ils ont un long et fort bouclier qui cache tout le corps, lorsqu'ils sont montés sur leurs mehara.

Habitués aux grands parcours, endurcis contre les variations atmosphériques, ils résistent admirablement aux intempéries, et supportent d'une manière incroyable la faim et la soif, pouvant se contenter pendant plusieurs jours des herbes que broutent leurs troupeaux et d'un quart de litre d'eau par jour; on cite l'exemple d'un indigène qui s'était habitué à ne boire que tous les quatre jours, et que rien au monde n'aurait fait manquer à

1. Traduction du baron de Slane, t. I, p. 200.

cette habitude, dont il se montrait très fier. C'est une affaire d'éducation de l'estomac. Et pourtant, ces mêmes hommes peuvent, comme nous l'avons déjà vu, absorber exceptionnellement d'énormes quantités de viande, orgie qui n'a d'autre effet sur eux que de provoquer un sommeil prolongé.

Quoique peu étendue, l'instruction est fort généralisée chez les Touareg; les illettrés y sont en infime minorité dans les deux sexes; elle y est même plus développée chez la femme que chez l'homme, enlevé plus jeune à l'influence et à la direction de la mère, à qui appartient exclusivement, avec les marabouts, l'éducation et l'instruction de l'enfant.

Il en est fort peu qui parlent arabe; leur langue s'appelle le *tamahaq*, et s'écrit en caractères *tifinar*, dont M. Duveyrier donne l'alphabet à la page 388 de son remarquable ouvrage : *les Touareg du Nord*.

La lecture de la langue tamahaq offre à ceux à qui elle n'est pas familière une première et grande difficulté, en ce qu'elle s'écrit indistinctement de haut en bas, de bas en haut, de droite à gauche ou de gauche à droite; mais les mots sont généralement séparés, surtout chez les Ahoggar, par un crochet en forme de parenthèse ouverte sur la droite, et dont la branche inférieure serait prolongée.

Leur numération parlée est basée sur le système décimal; mais ils n'ont pas de chiffres, et conséquemment pas de numération écrite. Ils comptent sur les grains de leurs chapelets.

Leur bagage historique est fort restreint; seuls les marabouts conservent les anciennes traditions; les autres ne portent d'intérêt qu'aux faits tout à fait modernes.

En géographie, leurs connaissances se bornent aux régions qu'ils habitent et aux routes qu'ils parcourent; ainsi, écrit le capitaine Bissuel[1] : « Nos prisonniers nous ont dit textuellement :

1. *Les Touareg de l'Est*, par le capitaine Bissuel, p. 121. — Il s'agit des prisonniers faits à la suite de l'assassinat de la mission Flatters, et soupçonnés d'avoir participé à ce crime. — Ils ont longtemps été incarcérés au fort Bab-Azoun, prison militaire d'Alger, où le savant professeur M. Masqueray s'est consciencieusement adonné à l'étude de leur langue, de leurs mœurs, de leurs coutumes et de la géographie de leur pays

« Nous connaissions le nom d'El-Goléa, Ouargla, le Mzab, mais « nous pensions qu'après le Mzab on arrivait à Alger; quand nous « avons vu, après le Mzab, Laghouat; après Laghouat, Djelfa; puis « Boghar, puis Médéa, puis Blida et encore d'autres ksour, nous « avons été très étonnés, car nous en ignorions l'existence. »

En revanche, leurs connaissances en botanique sont fort développées; en zoologie, ils ne connaissent guère que les animaux au milieu desquels ils vivent; ils sont tout à fait ignorants en minéralogie.

Les seules industries des Touareg sont la fabrication des objets à leur propre usage; ils tirent un parti étonnant des produits naturels qu'ils ont sous la main pour la confection de leurs ustensiles de campement, d'armement, d'habillement et de harnachement; ils tissent bien la laine et tannent parfaitement les peaux; ils recherchent beaucoup les produits de l'industrie européenne, tels qu'armes à feu, quincaillerie, verroterie et cotonnades, petits miroirs, parfumerie et jouets d'enfants. Ils travaillent mal le fer, et n'ont aucune idée de l'art de la bijouterie, quoique leurs femmes portent beaucoup de bijoux d'or, provenant généralement de Tombouctou.

Ils ne font que le commerce d'échange, la monnaie étant si rare chez eux, qu'elle n'est considérée et employée que comme bijou à l'usage des femmes.

Il est d'un usage général chez les Touareg que les hommes se couvrent le visage d'un voile, ce qui leur a fait donner par les Arabes le surnom de *Molâthemîn*, les voilés. Ce voile est généralement noir; cependant ceux qui sont mulâtres de couleur très foncée le portent souvent blanc.

C'est à peine s'ils quittent ce voile pour manger, l'abaissant seulement un peu pour découvrir la bouche. Ils disent que sa destination est de préserver les yeux du soleil et de la poussière, d'empêcher les lèvres et les narines de se dessécher sous l'action du vent en entretenant la buée de la respiration, et d'empêcher le sable impalpable et brûlant du désert où s'écoule leur existence, de pénétrer dans les voies respiratoires.

A première vue, ces raisons paraissent une explication hygiénique rationnelle de l'usage du voile. Mais, si tel était uniquement son but, pourquoi les femmes touareg, au contraire des femmes arabes, ne le portent elles pas, et pourquoi les hommes ne le quittent-ils jamais, ni le jour ni la nuit, sous la tente, à l'ombre ou dans les frais pâturages? Nul ne peut le dire, et les recherches de M. Masqueray à cet égard ont été infructueuses.

Peut-être les Touareg ne savent-ils pas eux-mêmes d'où vient cette mode? M. Masqueray a seulement pu s'assurer que c'est une extrême inconvenance pour les hommes de se découvrir le visage devant quelqu'un, et qu'ils considèrent surtout comme étant de la pire indécence l'action de laisser voir ses oreilles.

Un motif plausible de cette coutume serait la crainte d'être reconnus de leurs ennemis, et la facilité de se soustraire ainsi plus facilement à leurs vengeances. Le voile ne serait plus alors qu'un masque.

Les Touareg, dont la sobriété nous est connue, sont fort difficiles, ou plutôt exclusifs dans le choix de leurs aliments; ils ont ajouté le poisson, les oiseaux et les œufs à la liste déjà nombreuse des animaux et des aliments désignés comme immondes par la loi du Prophète. En fait de végétaux, au contraire, ils se montrent fort accommodants; nous avons vu plus haut qu'à l'occasion, quand ils sont pressés par la faim, ils savent se contenter de la même nourriture que leurs bestiaux.

Pasteurs du désert, les Touareg sont essentiellement nomades; souvent chassés du lieu où ils ont dressé leur tente par la sécheresse ou le manque d'eau, ils sont obligés de chercher d'autres pâturages pour leurs troupeaux. Leur connaissance approfondie du désert sur leurs parcours ordinaires leur permet de les diriger rationnellement suivant la saison et la direction des vents, suivant aussi que les chaleurs ou le froid ont été plus ou moins rigoureux, suivant enfin que la pluie a été plus ou moins abondante.

Les coutumes sont la règle à peu près générale de la justice chez les Touareg; il n'en saurait être autrement d'un peuple aussi nomade; c'est le patriarche qui est juge absolu dans la famille ou la fraction de tribu qui a accepté son autorité; les différends entre camps sont jugés par les marabouts qui, pas plus que les patriarches, ne font intervenir le droit écrit; il est fort rare qu'il soit appelé de ces jugements, à cause de la difficulté de voir des juges d'un ordre plus élevé à même d'appliquer le droit codifié, et qui n'existent qu'à Ghrat, à Ghardamès et à Aïn-Salah.

Ceci est pour le droit civil. Quant au droit criminel, il a pour base unique la règle du Coran, qui dit : Œil pour œil, dent pour dent, coup pour coup.

La plupart du temps, les juges se constituent en tribunal de leur propre autorité, ou sont nommés à l'élection pour un cas particulier. Les peines prononcées sont généralement l'amende, la bastonnade et les fers. La peine de mort ne peut être prononcée que par l'Amghâr; mais il a rarement occasion de l'appliquer, les cas qui pourraient être soumis à sa justice ayant presque toujours été réglés par des combats de tribu à tribu, ou ayant fait l'objet de vendetta privées.

On cite des cas de longévité exceptionnels chez les Touareg : on affirme que les vieillards de 120 à 150 ans n'y sont pas rares. Duveyrier cite comme ayant atteint l'âge de 150 ans le guide qui l'a conduit à Ghardamès[1].

Une grande dignité préside aux relations des hommes entre eux; ils se réunissent souvent aussi en la société des femmes, et passent leurs soirées à les entendre chanter, réciter des poésies ou faire de la musique, en fumant et prenant du thé ou plus rarement du café. Ces réunions sont toujours extrêmement convenables; il y règne même une étiquette assez sévère, et les formes les plus strictes de la politesse y sont rigoureusement observées.

Enfin, nous dit encore Henri Duveyrier[2] : « Les mœurs permettent, entre hommes et femmes, en dehors de l'époux et de « l'épouse, des rapports qui rappellent la chevalerie du moyen âge : « ainsi, la femme pourra broder sur le voile ou écrire sur le « bouclier de son chevalier des vers à sa louange, des souhaits

1. *Les Touareg du Nord*, p. 425.
2 *Ibid.*, p. 429.

« de prospérité; le chevalier pourra graver sur les rochers le « nom de sa belle, et personne n'y voit de mal.... »

Nous avons laissé nos amis se remettre de leurs fatigues et de leurs émotions après leur brillante matinée, pour dire quelques mots de leurs hôtes.

Le programme de la journée n'était pas épuisé; nous savons qu'il comportait pour l'après-midi une chasse à courre et une chasse au vol.

Si pour nos chasseurs de la métropole la chasse n'est souvent qu'un prétexte à orgies ou à bruyants festins, il n'en est pas de même chez les peuples primitifs, pour qui cet exercice est bien en réalité ce qu'il doit être, une lutte de ruse, de vigueur et de vitesse avec le gibier, excitée par l'ambition d'exploits cynégétiques et une juste émulation.

Pour s'y préparer, il faut être bien reposé et surtout avoir l'estomac libre afin d'éviter les lourdeurs ou l'excitation d'un repas trop copieux; nous le savons si bien, que nous n'en usons pas autrement à l'égard de nos chiens qui sont les vrais chasseurs et dont, en général, nous ne sommes que les servants plus ou moins adroits.

Quand chacun eut suffisamment narré ses émotions, ses hauts faits et ceux du voisin, quand les dépouilles eurent été assez examinées, chacun prit un léger repas et se prépara par le repos à de nouveaux exploits.

Les heures les plus chaudes s'écoulèrent ainsi dans le calme; et vers deux heures seulement le camp commença à s'agiter. Une demi-heure plus tard, les chasseurs étaient en selle.

L'ordre de marche était le même que le matin, avec cette différence que la meute précédait, et que les esclaves porteurs de faucons se tenaient à portée de leurs maîtres, prêts à les leur présenter au premier signal.

L'attente ne fut pas longue; à quelques centaines de pas du camp, un lièvre se leva sous les pieds des chasseurs; on découpla deux jeunes lévriers; la préface fut courte : en quelques bonds, la malheureuse bête fut atteinte; il n'en restait plus que les débris quand les chasseurs arrivèrent.

Ce n'était qu'un prélude, pour exciter les instincts meurtriers de la meute; la véritable chasse ne devait commencer qu'à quelques kilomètres de là, à l'entrée d'une vaste plaine où l'on était assuré de trouver gazelles et antilopes, peut-être même des autruches.

On y arriva vers trois heures, après avoir lancé toute la meute sur un chacal qui fut forcé et étranglé en quelques minutes, mais dont les chiens dédaignèrent la chair puante.

A peine la ligne des dunes était-elle franchie, qu'on put apercevoir une harde d'antilopes qui, à la vue des chasseurs, dressèrent subitement leurs jolies têtes, ornées d'élégantes cornes droites et acérées, regardant la cavalcade, qui se divisa en deux bandes, obliquant à droite et à gauche du troupeau.

Un vieux mâle, qui paraissait le chef, commençait à manifester son inquiétude en frappant le sol de son sabot; son agitation se communiquait, et l'on sentait qu'il allait donner le signal de la fuite, lorsque les chiens furent simultanément lancés par les deux troupes.

Leurs abois retentirent, et, comme des flèches, ils s'élancèrent. Il y eut un moment d'hésitation, comme une velléité de lutte; mais le vieux mâle fit entendre une sorte de hennissement aigu, ou plutôt un vrai coup de sifflet. Tous, comme des balles élastiques, commencèrent à bondir. D'abord, les chiens les gagnèrent, et les chasseurs suivaient la chasse, sans se presser, pour ménager leurs montures. Cependant les bonds des antilopes devenaient de plus en plus répétés, de plus en plus allongés. Les chiens donnaient toute leur vitesse, et, malgré tout, la distance se maintenait. Les ruminants avaient tâté les moyens de leurs ennemis pour régler leur allure et éviter toute fatigue inutile. Peu à peu, les bonds désordonnés se changèrent en une course plus régulière, et la harde prit un trot allongé, conservant toujours sa distance. Les chasseurs ne se pressaient pas, sachant bien qu'une lutte de vitesse n'eût pas été à leur avantage. On s'aperçut en effet bientôt que la route des antilopes s'infléchissait sensiblement sur la gauche, décrivant un grand arc de cercle; au lieu de les poursuivre, les cavaliers prirent la corde en ménageant toujours leurs montures qui allaient sous peu avoir à déployer tous leurs moyens, car la courbe s'accentuait de plus en plus, la corde diminuait, et le moment approchait où l'on allait se trouver à portée.

Les chiens, épuisés, ne suivaient plus qu'isolément et en désordre, et les antilopes, paraissant sûres de leur victoire, diminuaient déjà de vitesse, s'arrêtant même quelquefois pour écouter, lorsqu'elles s'aperçurent de la ruse des chasseurs.

Ce fut alors une débandade générale; les pauvres animaux, fatigués, avaient à lutter contre des mehara et des chevaux tout frais; chaque chasseur choisit sa proie, et la lutte de vitesse recommença; les distances se rapprochaient, et bientôt quelques explosions éclatèrent, des flèches sifflèrent et 8 victimes restèrent sur le sable, pendant que le reste de la harde dispersée et affolée disparaissait dans les lacis des dunes et dans les ravins d'un torrent où la poursuite dut cesser.

C'était un magnifique résultat; il n'avait pas pris plus d'une heure; le gibier, encore palpitant, fut égorgé selon la loi du Prophète, et vidé de ses entrailles; la curée rassembla bientôt les chiens, qui furent laissés à la garde des esclaves.

Deux vieux chiens, spécialement dressés pour la chasse au faucon, n'avaient pas participé à la poursuite des antilopes. Pendant la curée, les chasseurs, accompagnés seulement des porteurs de faucons et de ces deux chiens, ayant eux-mêmes un faucon au poing, se rapprochèrent des dunes qui servaient le matin de repaire aux lions, et dont les environs abondaient en gibier, à cause du voisinage du taillis qu'elles abritaient.

D'abord, quelques lièvres lancés isolément furent rapidement mis à mort par de jeunes faucons. C'était une chasse élémentaire, bonne tout au plus pour des oiseaux novices; les faucons, décapuchonnés subitement, hésitaient un instant, éblouis par la lumière; puis ils s'élevaient tout à coup, planaient un moment et tombaient comme une flèche, par une rigide oblique sur le pauvre fuyard, toujours frappé entre les deux yeux et tué d'un seul coup de bec.

Un couple de gazelles fut aussi lancé et mis à mort de la même manière; seulement la lutte fut plus longue, et les pauvres bêtes eurent cruellement à souffrir des coups de bec des rapaces qui, les serres accrochées à leurs cornes en lyre, leur dévoraient les yeux et leur brisaient le crâne.

Il se faisait déjà tard, quand les chiens levèrent un de ces vols innombrables d'outardes-canepetières ou poules de Carthage, que les indigènes nomment *gangas*, qui vivent par bandes de plusieurs centaines et sont, avec les étourneaux, de grands destructeurs de criquets et sauterelles. — Ce fut un véritable délire de joie; aucun faucon cependant ne fut lâché, et l'on se rassembla. Les Touareg discutaient vivement; l'interprète de Marius lui traduisit le sens de leurs discours.

Les uns voulaient chasser de suite les gros gallinacés, et d'autres, vu l'heure avancée, remettre la chasse au lendemain, insistant sur ce qu'elle perd la majeure partie de son attrait quand elle n'a pas lieu par un soleil ardent.

Ce fut l'avis qui prévalut; et comme ces oiseaux assez sédentaires s'éloignent peu des parages qu'ils ont adoptés, la partie fut remise au lendemain.

La chasse des gangas au faucon est une des distractions les plus recherchées des cavaliers du désert; elle offre des péripéties très inattendues, des surprises des plus amusantes.

On revint donc au campement, où un repas préparé par les ordres du patriarche réunit les chasseurs en une joyeuse confraternité; les femmes célébrèrent par des poésies et des chants improvisés les exploits des chasseurs; on but beaucoup de thé, dont l'usage est bien plus généralisé chez les Touareg que celui du café; puis les conversations se ralentirent, les chants cessèrent peu à peu, et chacun se retira sous sa tente.

Dans la matinée, Marius visita les blessés, dont l'état était moins grave qu'on ne l'avait craint d'abord, les blessures étant plus larges que profondes. Aucun organe essentiel n'était lésé, et l'eau, ce sédatif par excellence, abondait; tout permettait d'espérer des guérisons rapides.

On arriva vers 5 heures à la remise, et les poules furent levées par les chiens.

Un faucon décapuchonné s'éleva aussitôt dans les airs et ne tarda pas à les dépasser en hauteur; apercevant leur ennemi, elles adoptèrent la même tactique que lui, s'efforçant d'atteindre les plus hautes couches atmosphériques; mais il montait toujours et la course verticale continuait.

Bientôt l'on ne vit plus que des points imperceptibles papillonnant dans les nuages, se réunissant subitement pour former comme une vaste nappe aux replis onduleux, se dispersant encore, puis se rejoignant en un immense entonnoir, tournoyant, décrivant, à la mode des étourneaux qui se défendent contre un épervier, des surfaces aux courbes les plus variées dans un incroyable tourbillonnement.

Tout à coup ils grossirent à vue d'œil, et l'on vit tomber et s'écraser à terre le malheureux faucon littéralement plumé par les courageux volatiles, et tenant encore dans ses serres un ganga au crâne brisé. Sans leur laisser le temps de redescendre, un autre faucon fut lancé; il ne tarda pas à voir le gibier, et, prenant son essor, s'éleva en une hélice aux pas gigantesques, jusqu'à dominer les oiseaux déjà fatigués, qui ne songèrent plus qu'à chercher le salut dans la fuite; le rapace avait choisi sa victime, et la lutte de vitesse et de ruse recommença; l'outarde faisait de savants crochets pour éviter son ennemi, tombant subitement pour se relever aussitôt d'un puissant coup d'aile; mais, voyant toute sa stratégie inutile, et sur le point d'être atteinte, elle regagna le sol, espérant y trouver quelque abri protecteur. Elle s'abattit à quelques pas des chasseurs, qui avaient suivi en colonne serrée; mais le faucon fut en un instant sur elle, et Marius croyait le combat fini, quand, se plaçant sur le dos, l'outarde lança au faucon, qui se précipitait, une projection copieuse de matières fécales[1]!

1. C'est sans doute de cette faculte et de ce mode de defense que leur vient le nom de canepetiere.

Le coup était bien ajusté!

Le rapace, atteint en pleine figure, oublia son ennemi, qui s'enfuit en poussant une gamme de cris stridents, imitant à s'y méprendre un éclat de rire moqueur.

Le malheureux faucon restait tout bête; à tour de rôle chacune de ses pattes essuyait ou beurrait de nouveau ses yeux; il se frottait la tête dans l'herbe rare et courte, et le magma s'accroissait du sable qui s'y agglutinait; il raidissait le cou, se secouait désespérément au milieu d'un cercle de chasseurs manifestant par leur bruyante hilarité et leurs contorsions joyeuses le plaisir que leur causait ce spectacle.

On ne pouvait cependant laisser le pauvre oiseau dans un tel état, à moins de compromettre sa vue; il fut débarrassé de ses ordures, soigneusement lavé et encapuchonné de nouveau.

Cependant la canepetière fatiguée n'avait pas fait une longue remise; on l'avait vue tomber à quelque 500 mètres dans une touffe de *fliss* où elle avait dû se motter; on lui laissa reprendre ses forces pendant quelque temps, puis les chiens la levèrent de nouveau.

La poule de Carthage est un oiseau vigoureux, au vol puissant, et difficile à forcer. Un troisième faucon fut lancé; le combat dans les airs ne fut pas de longue durée : le succès de sa ruse encourageait sans doute le ganga à la renouveler; elle réussit à son gré; et Touareg et Arabes purent encore se gaudir.

Un quatrième faucon vint à la rescousse; mais les munitions n'étaient pas inépuisables, et la source tarie ne fut pas suffisante pour que le jet l'aveuglât entièrement; la lutte fut courte; l'outarde eut en un instant la tête brisée d'un coup de bec, pendant que les serres pénétraient dans la chair palpitante.

La journée n'était pas encore bien avancée, et l'on avait le temps de chercher une autre poule pour recommencer sur de nouveaux frais.

Après avoir battu le terrain pendant une demi-heure, on leva de nouveau la bande; un faucon s'éleva poursuivi par les robustes oiseaux ; plus habile ou plus vigoureux que le premier, il put séparer un beau mâle ; la poursuite fut rapide et la défense vive ; tout à coup le gallinacé se laissa tomber comme un aérolithe, et le rapace fondit verticalement sur lui ; tous deux disparurent dans l'épaisse ramure du taillis.

Aussitôt quelques chasseurs mirent pied à terre et pénétrèrent dans le bosquet après avoir entravé leurs montures ; Marius fut du nombre ; Ali le suivait, et les voilà cherchant le faucon qu'on devait trouver perché sur sa proie, ou provisoirement aveuglé comme ses prédécesseurs.

On fouillait les broussailles, ne laissant pas un point inexploré, lorsqu'un léger bruissement dans un buisson attira l'attention d'Ali : les oiseaux devaient être là. Il s'avançait, écartant doucement les branches, quand Marius le vit faire un terrible saut en arrière, et tomber à la renverse en poussant un horrible cri de détresse, en même temps qu'un animal furieux, le saisissant au passage, bondissait à deux pas de Marius consterné et n'ayant pour toute arme que son petit revolver de poche, arme bien peu redoutable pour un tel adversaire, car c'était le jeune lion, exaspéré de l'attaque de la veille et de la disparition et de ses parents. Encore affolé de terreur, il n'avait pas quitté le taillis qui l'avait dérobé aux poursuites des chasseurs ; et quand Ali, espérant y trouver le faucon, entr'ouvrit le buisson qui lui servait de refuge, il fondit sur lui, le renversant d'un coup de tête, puis, le happant dans sa fuite, il l'emportait maintenant dans les profondeurs du désert, pour y assouvir sa rage, et venger à l'aise la mort des siens.

Sans songer au peu d'efficacité probable d'un pareil moyen, Marius fit feu de son arme au moment où le jeune lion passait à le toucher ; atteint près de la tempe, il accusa le coup par un temps d'arrêt, puis bondit aussitôt, entraînant sa victime ; deux fois encore le revolver retentit et toucha coup sur coup le fauve. — C'était heureusement une jeune bête, facile à intimider ; le bruit des détonations agit sans doute sur elle plus fortement que les piqûres des balles ; elle secoua Ali, comme un chat fait d'une souris, et le lança à toute volée par-dessus sa tête, l'envoya tomber sans connaissance et tout sanglant aux pieds de Marius et disparut dans le taillis.

Défaire le burnous, déchirer la gandoura, fut l'affaire d'un instant, et Marius aperçut au côté et sur la cuisse de larges déchirures, par où le sang s'échappait en abondance. Il portait heureusement son inséparable sac de voyage, contenant une petite pharmacie portative; un habile tamponnage de perchlorure de fer vint rapidement à bout de l'hémorragie.

La perte de sang et la frayeur avaient seules causé la syncope, et les violentes émanations d'un flacon d'ammoniaque ne tardèrent pas à rendre au blessé l'usage de ses sens. La gandoura, mise en bandes, servit à comprimer les plaies pour empêcher un nouvel épanchement de sang; et quand le pansement fut fini, les chasseurs, sans s'être doutés du drame accompli si près d'eux, les faibles détonations du revolver ne s'étant pas propagées sous le taillis, arrivaient en portant triomphalement le faucon et l'outarde qui, chose rare, avait été victime de la première attaque du rapace.

La consternation fut à son comble!

On battit inutilement le bois dans tous les sens; le fauve avait disparu; on voyait ses traces, avec des taches de sang, sur le sable d'un des couloirs conduisant dans les dunes, où, vu l'heure avancée, on ne jugea pas prudent de le poursuivre ce jour-là.

Comme les victimes de la veille, le pauvre Ali fut placé sur un brancard de branchages et rapporté au camp. — Ce dont il avait le plus besoin était l'eau et le repos; avec l'aide de Mardochée, Marius l'installa sous sa tente, prit un léger repas et, après avoir renouvelé le pansement et converti une outre percée en un appareil d'irrigation continue, alla bientôt se livrer à un repos dont il avait aussi grand besoin.

Cet incident retardait forcément le départ.

L'état d'Ali n'avait cependant rien d'alarmant; sa nature saine et vigoureuse aidait puissamment à la guérison des plaies, qui étaient en bonne voie trois jours après l'accident; la fièvre était même tombée, et l'on pouvait espérer pouvoir repartir dans peu de jours, en organisant un moyen de transport pour le blessé.

Marius fit feu de son arme.

Les soins que Mardochée prodiguait au blessé, et la reconnaissance de ce dernier resserrèrent les liens relâchés qui existaient entre eux, et Marius eut bientôt la satisfaction de les voir devenir aussi bons amis qu'on pouvait l'espérer d'un musulman et d'un israélite.

A diverses reprises, Marius visita les blessés du premier jour; les contusions étaient guéries; la fracture du bras, bien immobilisé, devait se résoudre dans les délais normaux; la cuisse déchirée se cicatrisait peu à peu sous l'action de l'irrigation continue qui empêchait l'inflammation. Seul l'indigène à l'épaule broyée donnait des inquiétudes; la fièvre était ardente, et des abcès se formaient pour donner issue aux esquilles, dont quelques-unes avaient déjà été extraites; il était à craindre que le malheureux ne restât estropié.

Cependant le temps marchait; gens et bêtes étaient bien reposés; et Ali, désolé du retard dont il était la cause involontaire, pressait Marius de le laisser chez les Touareg et de continuer sa route.

Malgré son extrême confiance envers ses hôtes, Marius, qui s'était attaché à l'enfant, ne voulait pas le quitter dans une situation aussi critique, sans ressources, sans moyen assuré de rejoindre Ghrât ou les établissements français, sans savoir ce qu'il deviendrait ni s'il le reverrait jamais.

La partie la plus difficile de la route était faite, les étapes étaient courtes et l'eau abondante jusqu'à Ghrât.

Ali se sentait en état d'être transporté; voici donc ce qui fut décidé :

Une civière de fortes branches reliées par des courroies et portant plusieurs nattes superposées en guise de matelas, fut placée sur deux bourricots attelés à la queue leu leu; les forces d'Ali furent essayées; et, allongé dans l'appareil, il supporta parfaitement une longue promenade.

Rien ne s'opposait donc plus au départ.

Le patriarche et les principaux membres de la tribu échangèrent des cadeaux avec Marius, en signe d'alliance; un dernier repas les réunit encore une fois, et, après des adieux touchants et solennels, Marius et les siens reprirent un beau matin la route de Ghrât; ils avaient fait une bonne provision d'eau et de fourrage, sachant qu'ils n'en trouveraient que le soir du troisième jour de marche, mais qu'ils n'en manqueraient plus ensuite.

Les adieux à Ali furent touchants.

CHAPITRE IX

GHRAT

Le voyage se continua à travers des alternatives de plaines, de dunes, de sables et de hamada ; à Djeberten on trouva une source abondante qui peut suffire aux besoins des plus importantes caravanes; elle est entourée de nombreux palmiers et d'excellents pâturages.

On y donna vingt-quatre heures de repos à Ali, qui en avait grandement besoin ; d'ailleurs chacun se trouva fort bien de cette petite pause; et Marius eut l'heureuse chance de tuer une gazelle à l'affût, sans compter nombre de menu gibier qui contribuait puissamment à l'alimentation de la troupe, et de faire coup double sur un couple de lynx, voraces carnassiers assez rares, de la taille d'un chat-tigre.

Les jours suivants, l'on bivouaqua à Tidadbatin, où des sources d'une eau excellente et très fraîche sortent de l'hamada, — à Inalen, où l'eau rare et médiocre, quand il y a longtemps qu'il n'a pas plu, est conservée dans des réservoirs creusés dans le thalweg d'un torrent, — puis aux sources de Titersin et de Zenaren.

Enfin, le neuvième jour, après s'être reposés vingt-quatre heures à Zenaren, on dressait pour la dernière fois la tente à Reled, où il n'y a pas d'eau; et le dixième, à quatre heures du matin, on reprenait la marche à travers un plateau dénudé qui longe de hautes dunes, pour arriver sous les murs de Ghrât vers neuf heures.

Les Arabes ne manquent jamais une occasion de faire parler la poudre. Aussi les cavaliers d'escorte exécutèrent une petite fantasia en l'honneur de la ville et pour témoigner leur joie.

Une grande partie des habitants, avides de nouvelles, vint au-devant de la petite caravane, qui fit gravement son entrée dans la ville au milieu de cette foule, et campa provisoirement sur la place du *souk* (marché).

Le jour même, Mardochée se fit conduire chez ses parents, à qui il présenta Marius et narra sommairement ses aventures. Après force compliments, ils mirent à sa disposition, pour un loyer modéré, une petite maison et un hangar servant de magasins, dans une cour entourée de palissades, où les bêtes furent parquées sous la surveillance immédiate des gens; puis, sur la recommandation de Mardochée, et au vu de la fameuse lettre de commerce, ils offrirent à Marius, avec leur crédit sur la place, leurs services moyennant une commission raisonnable, tant pour le débarrasser de sa pacotille que pour lui en composer une autre.

Enfin, Marius fut assez heureux pour obtenir une audience du cheikh dès le lendemain de son arrivée; nous parlerons tout à l'heure de sa réception et de ses conséquences.

D'après la tradition locale, Ghrât ou Rhât serait une ville d'origine berbère, dont la fondation remonterait tout au plus au XIVe siècle.

Elle aurait eu pour fondateurs la noble tribu des *Ihâdjenen*, avec le concours d'autres tribus berbères moins nobles, parmi lesquelles il convient de citer les *Kêl-Rhafsa*, dont le nom attire particulièrement l'attention si on le rapproche de celui de la ville forte (*oppidum*) de *Rapsa* dont Pline nous dit que la conquête est due à Cornelius Balbus (*Hist. nat.*, lib. V, c. 5).

Ce rapprochement permet en effet de supposer que les modernes *Kêl-Rhafsa* (gens de Rhafsa) ne sont autres que les descendants des habitants de l'ancienne *Rapsa*.

Ce n'est pas, il semble, trop s'aventurer que de penser que, par corruption et par l'addition de l'*h* guttural, Rapsa ait pu faire Rhâfsa, puis Rhâtia (nom arabe de Rhât), et enfin Rhât ou Ghrât par abréviation.

La ville, entourée d'un mur d'enceinte, est à peu près circulaire; elle est peu étendue, n'ayant, *intra muros*, que 600 à 650 maisons et environ 4000 habitants; mais de nombreux villages sont groupés sous ses murs; et leur croissance devant suivre le mouvement ascendant de son marché, ils ne tarderont pas à se rejoindre et à ne faire qu'un avec elle.

L'eau est abondante à Ghrât et dans ses environs; sa partie nord est sablonneuse et bordée de hautes dunes; au sud, au contraire, sont de vastes bois de dattiers entrecoupés de jardins bien arrosés, bien cultivés et très fertiles.

Sa population est essentiellement mêlée, et l'on y voit des hommes et des femmes de toutes les couleurs et de tous les costumes. Quoique placée aujourd'hui sous la domination turque, les femmes, même mariées, y conservent encore l'indépendance, la liberté et, par suite, la dignité qu'elles ont chez les Touareg; mais il est bien à craindre que cet état de choses disparaisse peu à peu, la population turque et arabe augmentant rapidement chaque année au détriment de la population Targui ou Berbère.

Henri Duveyrier nous dit[1] que, malgré son grand désir de visiter la ville, il a dû s'en abstenir par respect pour l'émir des Touareg qui, pour rien au monde, n'aurait consenti à exposer son hôte aux avanies d'un hérétique, et qu'il fut obligé de camper sur le marché même de la ville, dont la police appartient aux Touareg, et où il n'avait aucun danger à redouter.

1. *Les Touareg du Nord*, note de la page 274.

Aujourd'hui, quoique le fanatisme musulman et la haine de l'Européen soient à peu près restés les mêmes, le chrétien est à Ghrât dans une sécurité relative, due à la surveillance qu'y exercent les Turcs; et les Français, tout particulièrement honnis autrefois pour avoir enlevé l'Algérie à l'Islam, y sont plus avantageusement connus et plus facilement acceptés par suite de l'extension, maintenant officielle et effective, de la zone d'influence française jusqu'à Ghrât, — et de l'étude de la voie ferrée qui, si elle passe à Temassinin pour pénétrer dans le Soudan, aurait la plus salutaire influence sur l'importance commerciale de Ghrât et sur le transit qui s'y accomplit.

Cependant, si Marius Mercurin put être reçu par le cheikh arabe, le lendemain même de son arrivée, c'est moins à cause de sa qualité de Français que parce que celui-ci était en proie à un grave souci au sujet duquel il espérait avoir de lui quelques renseignements.

Des Arabes arrivés à Ghrât trois jours avant Marius avaient annoncé s'être échappés de la caravane d'Ibrahim qui, après avoir dépassé Djeberten, avait subitement changé de direction, après une conférence avec les principaux chefs des marchands qu'il pilotait vers Ghrât, pour faire route sur Bir-el-Garama par la vallée du Tasat. Ils assuraient qu'il devait descendre de là sur Agadès et Damergou pour y échanger les marchandises dont il était chargé contre les produits du pays, et revenir au Maroc par Tombouctou après avoir ainsi réparé ses affaires sérieusement compromises.

C'était un véritable acte de piraterie, que le cheikh tenait d'autant plus à réprimer qu'il était intéressé pour une forte somme dans les marchandises détournées; et il espérait, en agissant rapidement, réussir à faire arrêter Ibrahim et sa caravane avant leur arrivée à Agadès. A cet effet, il préparait déjà une expédition qui devait partir très prochainement, et l'arrivée de Marius pouvait, en contrôlant les dires des Arabes, lui fournir de précieux indices.

Marius lui confirma qu'effectivement les traces de la caravane d'Ibrahim, très visibles en quittant Ouansidi, lui avaient paru obliquer sur la droite après Djeberten, et avaient ensuite tout à fait disparu; que d'ailleurs Ibrahim avançait lentement, ses chameaux étant sans doute surchargés et fatigués.

Le nombre de jours qui séparait les deux caravanes correspondait bien avec la déclaration des Arabes, et les intentions de piraterie d'Ibrahim n'étaient que trop évidentes.

Les préparatifs furent donc accélérés; une troupe de cinquante Touareg Azger, bien armés et montés sur de rapides mehara fut organisée; elle ne pouvait manquer de rejoindre en peu de temps une caravane de commerçants encombrée par des marchandises et retardée par la lente allure des chameaux de charge.

Quelle belle occasion pour Marius de pénétrer dans *ce Soudan qui est*, d'après le proverbe arabe, *le remède de la misère, comme le goudron est le remède de la gale du chameau*[1] !

Il obtint l'autorisation de se joindre avec les siens à l'expédition, en emportant de légères marchandises, mais fut bien averti qu'on n'hésiterait pas à le laisser en route pour peu qu'il retardât la marche.

Ayant donc rejoint Mardochée, il lui exposa son plan et lui demanda son concours pour l'exécuter.

« C'est là une bonne idée, monsieur,. dans laquelle il y a beaucoup à gagner, mais son exécution n'est pas facile : l'argent, dans ces pays sauvages, n'a aucune valeur, et il faut d'abord vous procurer une pacotille d'objets de traite.

— Je compte sur toi pour cela, mon brave Mardochée ! mais le temps nous presse. Accélère donc la vente de mes marchandises et achète-moi rapidement celles qui ont là-bas le plus de valeur sous le moindre poids et le moindre volume.

— Vous perdrez beaucoup à une vente si rapide, monsieur, et payerez tout plus cher qu'en prenant votre temps.

— Je n'en doute pas, mais n'y puis rien. Le cheikh presse

1. Épigraphe du livre de Vivares, *le Soudan algérien*.

tant qu'il peut le départ de la caravane, et je ne puis attendre. Fais donc vite, et le plus économiquement possible.

— C'est entendu, monsieur ; du reste, vous regagnerez facilement là-bas, et largement, ce que vous aurez manqué à gagner ici. D'ailleurs mes parents vous faciliteront l'opération ; ils sont en relations d'affaires suivies avec les importateurs et les exportateurs, et je veillerai à ce que vous ne soyez pas trop écorché. — Mais, monsieur, j'ai quelques sous que je voudrais bien faire fructifier, moi aussi ; et je crois que je pourrais vous être utile dans votre expédition, si vous voulez bien me permettre de vous accompagner, et de placer mon pauvre argent dans l'affaire, en m'acceptant comme associé.

— Je veux bien, mon ami, je veux bien ; mais surtout fais vite !

— Soyez tranquille, monsieur. »

En effet, la famille de l'israélite fut précieuse à Marius pour ces opérations ; elle lui plaça ses marchandises et lui procura, en échange, sans trop d'usure, une pacotille de ces étoffes anglaises dites *limœneas* ou *tom-coffee*, de cotonnades blanches et bleues appelées guinées, madras ou indiennes, de fils de cuivre, verroterie, poudre, tabac, spiritueux, fusils, pierres à fusil, plomb en saumon, quincaillerie, mercerie, parfumerie, jouets, articles de Paris, parapluies, etc., qui sont la monnaie courante des pays soudaniens.

Comme l'avait prévu Mardochée, la rapidité avec laquelle il fallut agir fut cause que les marchandises apportées par Marius ne furent pas vendues à tout leur prix, et les achats furent payés un peu plus cher que les prix courants ; mais le temps vaut de l'argent, disent les Anglais (*time is money*), et c'est surtout en matière de négoce que cet aphorisme se justifie.

La double opération commerciale promettait d'ailleurs le bénéfice convoité, complétée surtout, comme elle devait l'être, par l'achat, sur les lieux mêmes de production, des richesses du Soudan et leur expédition à la maison Mercurin fils par la caravane de retour.

Le pauvre Ali, lui, se désolait ; ses blessures étaient fermées il est vrai ; mais les cicatrices étaient encore bien récentes, et son état de faiblesse ne lui permettait pas d'accompagner celui qui l'avait sauvé deux fois et auquel il avait voué une reconnaissance sans bornes. La promesse de Marius de le reprendre au retour put seule le décider à séjourner à Ghrât : et encore fallut-il qu'il lui persuadât, en lui laissant de petits intérêts à gérer, que sa présence à Ghrât lui était nécessaire.

Mardochée, lui aussi, s'était attaché au jeune blessé à raison des soins qu'il lui avait prodigués, et Ali témoignait maintenant de l'affection à cet homme malgré son aversion pour la race juive.

La maison de commerce des parents de l'israélite occupait un nombreux personnel, dans lequel il ne fut pas difficile de faire admettre le jeune homme, que Marius intéressa même pour un petit capital dans les affaires de ses nouveaux patrons.

L'achat des bêtes de somme n'était pas sans difficultés. Il ne fallait pas songer à conserver les chevaux, les mulets ni les ânes, incapables de suivre une expédition militaire qui devait être menée rondement.

Des mehara et des chameaux de race pouvaient seuls être admis dans la troupe armée par le cheikh, et il en devait résulter une forte dépense. Cependant, en voyant Mardochée s'intéresser dans l'entreprise, ses parents consentirent à avancer un capital dépassant la limite du crédit ouvert à Marius par sa lettre de commerce ; on pouvait d'ailleurs espérer que ce serait de l'argent placé à gros intérêts, l'opération présentant toutes chances de succès.

Chevaux, mulets et ânes furent donc vendus et remplacés par des chameaux jeunes et vigoureux ; les plus rapides devaient servir de montures à Mardochée, aux Arabes et au nègre qui furent de nouveau engagés pour la suite de la campagne ; les plus vigoureux étaient destinés à porter les marchandises achetées à frais communs entre Marius et Mardochée, ainsi que l'eau et les vivres.

Il n'était pas nécessaire de faire de fortes provisions d'eau, les aiguades étant fréquentes sur la route à suivre ; l'approvisionnement de vivres fut seul largement calculé, car la rapidité avec laquelle devait avancer la caravane ne laisserait pas le temps de chasser.

Il fallait aussi prévoir la probabilité d'une résistance acharnée de la part d'Ibrahim, et les compagnons de Marius furent armés de bons fusils.

Mardochée, obligé, bien malgré lui, d'adopter le même genre de locomotion, passa les derniers jours qui précédèrent le départ à s'exercer à l'équitation chamelière, et ne tarda pas à devenir familier avec cet exercice plus fatigant que difficile.

Les adieux à Ali furent touchants ; malgré l'impassibilité affectée par le jeune musulman, on voyait qu'il était fortement ému, et quand la caravane s'ébranla, il ne put étouffer un sanglot longtemps retenu. — Marius et Mardochée lui-même durent essuyer du revers de la main une larme qui, malgré leurs efforts, glissait furtivement de leurs yeux sur leurs joues.

En quelques instants la troupe d'Ibrahim fut garrottée.

CHAPITRE X

LA POURSUITE

Depuis dix jours, la caravane militaire dans laquelle Marius et Mardochée ont été admis, traverse le hamada, brûlant les étapes, faisant chaque jour une route triple de celle d'une caravane de marchands.

Le pauvre Mardochée eut bien à souffrir les trois premiers jours. D'abord les brusques réactions et les mouvements dégingandés de son coursier eurent pour effet de violentes nausées en tout semblables au mal de mer ; puis la fatigue l'eût infailliblement fait tomber au bout de quelques heures, si l'on n'eût pris la précaution de l'attacher à sa monture.

Ce furent pour lui trois jours d'un intolérable supplice qui paraissait faire la joie des musulmans, et Marius lui-même ne se faisait pas faute de le plaisanter, lui que de cuisants souvenirs eussent cependant dû rendre plus indulgent.

« Du courage, Mardochée, du courage !

— Je voudrais bien vous y voir, monsieur.

— Malheureux ! si tu ne m'y as pas vu, tu as du moins assisté à ma belle culbute à Bir-el-Askar ; et tu vois comme je m'y suis fait.

— Oui, monsieur; mais, sauf le premier jour, vous vous êtes habitué peu à peu, tandis que moi!...

— Toi, tu as une bonne selle et tu es attaché! Tu sais où tu vas! Tu as une bonne escorte!

— Ouf, Dieu d'Israel! mes reins sont brisés, je ne pourrai jamais! »

. . . .

Mais à tout exercice violent on s'entraîne, et dès le quatrième jour le malheureux juif avait su trouver son aplomb et commençait à conserver son équilibre, sans de trop grands déplacements de centre de gravité, sur l'appendice élevé de sa haute monture.

Si le chameau a des allures fatigantes, il a au moins sur le cheval l'inappréciable avantage de ne pas produire ces terribles écorchures qui sont souvent un empêchement absolu pour les cavaliers novices. Ce genre d'équitation cause, il est vrai, d'horribles courbatures; mais les mouvements étant plus allongés et moins répétés, le frottement et l'échauffement de la peau sont considérablement diminués au détriment de l'élasticité des muscles.

Ceux de Mardochée s'assouplissaient donc peu à peu, et dès le sixième jour il ne fut plus besoin de l'attacher à sa monture. Quand nous le retrouvons dix jours après le départ, sans être encore devenu de la force de Marius, il faisait déjà un meharisto assez passable.

Tour à tour, la caravane avait traversé le petit hameau de Fiouet, le village targui d'Inalegui où l'on trouve de l'eau en creusant le sable, les cols difficiles d'Hassakan et de Tadji-Oucet, coupés de *r'dirs*[1], et avait fait séjour au riant village de Djanet, demeure des Imanen, d'où sortaient autrefois les sultans des Touareg.

Plus loin, le hamada était entrecoupé de dunes, et l'eau redevenait rare; il fallut même payer une redevance de deux douros (dix francs) au gardien du puits de Tanet pour y renouveler

1. Ruisseaux torrentueux

l'eau des outres; puis on suivit la rivière de Tadjetaret, on traversa les arides bas-fonds d'Issala, blancs de salpêtre, après avoir laissé dans l'ouest Bir-el-Garama qui vit massacrer la mission Flatters, et l'on campa à Idjifoutenin sous un grand arbre dont le feuillage peut abriter toute une caravane.

A Bir-Assiou, l'on fit un nouveau séjour, dont avaient grand besoin meharistes et mehara; c'est le campement d'hiver de la tribu des Imanen, à qui il fallut payer un léger péage, comme toutes les caravanes qui vont au Soudan.

On y apprit que, quelques jours auparavant, une caravane qui paraissait très pressée y avait fait escale, et qu'elle avait été, deux jours après, mise à contribution par les Touareg de mauvais renom qui habitent l'oasis de Taghadjit.

Arrivés à cette étape, la nouvelle fut confirmée, et le signalement du chef correspondait bien avec celui d'Ibrahim; la caravane militaire, bien armée et d'un imposant aspect, ne fut pas inquiétée et passa sans avoir à parlementer.

A partir de ce point, le pays devient moins aride, et quelques arbres apparaissent par-ci par-là dans le hamada; ils se font de plus en plus communs à mesure qu'on approche de Rezer, village Kelloui, où résident les agents du fisc du sultan d'Agadès.

C'est une agglomération assez importante de gourbis[1], située à la bifurcation de deux routes importantes, conduisant à *Kano* par *Tassaoua* ou par *Zinder*.

La caravane poursuivie n'avait pu manquer de passer par *Rezer* pour y faire de l'eau et y renouveler les vivres. Il ne fut pas difficile d'être renseigné sur son compte; le doute n'était pas possible; l'on était sur la bonne voie. Mais Ibrahim avait pris la route de *Tessaoua* depuis dix jours déjà, et il était nécessaire de le rejoindre avant *Agadès* pour ne pas lui laisser le temps d'intéresser le sultan au succès de son entreprise. On pouvait aussi craindre que si on laissait Ibrahim atteindre cette ville, il ne s'y débarrassât à vil prix des marchandises détour-

1. Chaumières de branchages et de feuilles de palmier.

nées, escroquerie trop facile dans un centre de transit aussi important.

Il ne fallait donc pas perdre un instant, et quarante-huit heures après l'arrivée à Rezer, l'on reprenait la route du sud; les étapes d'une caravane ordinaire devaient être quadruplées si l'on voulait rejoindre Ibrahim à temps; ce n'était pas impossible à des mehara peu chargés et toujours abondamment nourris.

Le soir du second jour après le départ de Rezer, l'on campait à *Kourma*, l'oasis aux quatre puits, après avoir enlevé sept étapes en deux jours. Le chef de la caravane, vieux Khrébir, à qui rien de ces pays n'était étranger, connaissait heureusement les propriétes laxatives des eaux de cette halte, fort appréciées des caravanes de marchands, qui y corrigent, par un usage modéré, la constipation de leurs bêtes de somme, consécutive à une longue série de marches pénibles et au régime échauffant d'une nourriture exclusivement sèche; mais ces mêmes eaux eussent été pernicieuses à des bêtes dont l'entraînement devait être précieusement conservé, et des plus contraires à la rapidité de la poursuite.

Les puits furent donc scrupuleusement surveillés pour que ni homme ni bête ne s'y désaltérât; une distribution de l'eau des outres d'approvisionnement fut faite aux cavaliers; mais les chameaux ne furent point abreuvés ce soir-là.

Dès le matin, la course recommença; les traces de la caravane d'Ibrahim étaient de plus en plus visibles et chaque jour plus fraîches; il devenait probable qu'on pourrait l'atteindre dès le lendemain en continuant avec la même célérité.

Le pays, de moins en moins stérile, défilait donc rapidement, et l'ardeur de la poursuite devenait d'autant plus grande qu'on en voyait arriver le terme.

Tout à coup l'on vit les deux éclaireurs qui précédaient la petite colonne de quelques centaines de mètres s'arrêter subitement, et l'un d'eux montrer à l'autre, du bras étendu, un point éloigné sur lequel il paraissait appeler son attention.

Un instant après, tous deux faisaient au gros de la troupe des signes d'appel ; l'on ne fut pas long à les rejoindre, et, sur leur indication, l'on aperçut bientôt un être vivant paraissant se traîner péniblement sur le sable, avec les allures d'un homme malade ou blessé.

La course reprit rapide; à mesure que l'on approchait, l'on acquérait la certitude que c'était bien une créature humaine que l'on avait en vue.

C'était effectivement un Arabe, qui ne tarda pas à être entouré des nouveaux arrivés; il poussait de faibles gémissements et paraissait à bout de forces.

Interrogé par le chef de la caravane, il expliqua qu'il faisait partie, en qualité de chamelier, d'une caravane descendant vers le sud, et que, depuis la veille, il s'était senti malade et atteint de terribles coliques qui l'avaient totalement épuisé et mis dans l'impossibilité de continuer sa route.

C'était, pensait-il, une épidémie qui sévissait sur la caravane, car tous étaient malades comme lui, bêtes et gens ; mais il avait été le premier et le plus fortement atteint, et la faiblesse l'avait arrêté le premier. Il commençait à se sentir mieux depuis quelque temps, ajouta-t-il, et essayait de rejoindre sa troupe à son prochain campement de nuit.

Une maligne joie et un sourire ironique épanouissaient la figure des compagnons de Marius, à qui tout fut bientôt expliqué.

La caravane, qui était celle d'Ibrahim, s'était copieusement abreuvée aux sources de Kourma, sans goût caractéristique, mais dont les propriétés purgatives, ignorées du Khrébir peu pratique de ces régions, n'avaient pas tardé à se faire sentir ; avec la diarrhée, qui s'en était suivie, était venue, comme après tout violent purgatif, une soif ardente, et les outres remplies à cette halte avaient encore été largement mises à contribution pendant la route, ce qui n'avait pas contribué à rendre aux estomacs leur fonctionnement normal.

Les bêtes de selle et de somme, et surtout les chameaux qui font dans leur estomac complaisant une provision pour plusieurs jours, n'avaient pas tardé à éprouver les mêmes symptômes alarmants que les hommes; plusieurs ne se traînaient plus qu'avec peine; une sorte d'affolement s'était emparé de tous, chacun se croyant empoisonné ou atteint d'une espèce de choléra.

Les Berbères, comme les Arabes, ont l'esprit plaisant, et l'on se garda bien de rassurer la malheureuse victime des eaux de Kourma, qui se montrait très froissée de l'hilarité de nos amis, en présence de son déplorable état, et appelait sur eux la colère d'Allah.

Mais il ne fallait pas attendre si l'on voulait profiter de l'heureuse circonstance pour s'emparer sans coup férir d'Ibrahim et de sa bande; l'effet des eaux ne devait pas être de bien longue durée; aussi ne tarda-t-on pas à se remettre en route avec un joyeux entrain, et le malade fut laissé en arrière avec recommandation de se hâter pour rejoindre avant la nuit le gros de la troupe.

Un kilomètre plus loin, derrière un bouquet de lentisques et de tamaris, une douzaine de corps allongés, sans force, pâles et défaits, paraissaient sur le point de rendre l'âme.

Quelques chameaux, bramant avec angoisse, étaient couchés, incapables d'aller plus loin; des ânes et des mulets faisaient retentir l'air de leurs braîments plaintifs; les uns se tordaient sur le sol, d'autres lançaient à toute volée de folles ruades, comme pour éloigner un invisible ennemi; les charges, partout dispersées, jonchaient le sol dans un inextricable désordre; c'était un complet désarroi.

On passa à une rapide allure, saluant ironiquement les pauvres diables qui, eux aussi, poursuivirent de leurs malédictions nos amis qui n'en avaient souci.

A mesure qu'ils avançaient, de nouveaux malades, tantôt isolés, tantôt par groupes, mais de plus en plus rapprochés, étaient parsemés dans la plaine, que parcouraient des animaux effarés; enfin, le gros de la troupe ne tarda pas à être rejoint. Tous étaient atteints du même mal. Aucun n'y avait échappé.

C'eût été un spectacle navrant pour qui en eût ignoré la cause inoffensive, que de voir ces faces hâves et terrifiées, prenant la faiblesse résultant d'une purgation exagérée pour les affres de la mort.

. . . .

. . . .

Mais jetons un voile sur ce lamentable et inénarrable tableau !

. . . .

La troupe militaire avait rapidement manœuvré, et les marchands, incapables de fuir comme de lutter, se trouvèrent enveloppés en un instant.

Quelques-uns des moins éprouvés, ceux sans doute qui avaient le moins bu, se rallièrent bien autour d'un grand Arabe qui paraissait le chef, comme décidés à un effort désespéré; mais leur petit nombre et leur extrême épuisement les plaçaient dans une telle infériorité en présence de cette troupe imposante et bien armée qui les tenait en joue, qu'avec le fatalisme musulman, tous s'assirent à terre, en attendant imperturbablement ce qui allait arriver.

Ce ne fut pas long; il n'y eut pas de résistance.

En quelques instants, la troupe d'Ibrahim, incapable de se défendre, était garrottée.

Ibrahim essaya alors de parlementer avec ceux qu'il prenait, comme ses compagnons, pour une bande de Touareg pillards, et de faire la part du feu pour obtenir les conditions les moins onéreuses possibles; il ne parut pas du tout rassuré en apprenant qu'au lieu d'avoir affaire à des coupeurs de route, il était tombé entre les mains des janissaires du cheikh de Ghrat.

Il eut cependant la consolation d'être tranquillisé sur son état et sur celui de ses compagnons, et d'apprendre, avec la cause de la maladie commune, qu'avant quelques heures tous seraient sur pied, en meilleure santé que jamais. On ne lui épargnait d'ailleurs pas les quolibets, et il enrageait de s'être ainsi laissé surprendre; mais l'homme est ainsi fait, à quelque race qu'il appartienne, que, dans la position la plus compromise, il se

L'Arabe fut interrogé par le chef de la caravane.

reprend à espérer dès que renaissent en lui la force et la santé.

Cependant la nuit approchait, et il fallait songer à préparer le campement. Au fur et à mesure que les heures avançaient, on voyait arriver, tantôt isolés, tantôt en groupes plus ou moins nombreux, les traînards qui, ayant peu à peu repris leurs forces, rejoignaient le gros de la caravane. Aussitôt arrivés, ils étaient liés et joints à leurs compagnons, et, comme eux, sévèrement gardés à vue. Bientôt le dernier vint compléter la caravane dispersée d'Ibrahim; puis, l'ordre étant rétabli, les sentinelles placées avec des consignes rigoureuses, et le service de nuit assuré, tout rentra dans le grand silence du désert, à peine troublé de temps en temps par les jappements de quelques chacals en chasse, les ricanements d'une hyène en quête de cadavres ou les miaulements de quelque panthère appelant sa compagne, accompagnés, en lointaine contrebasse, du terrible rugissement du lion, toujours suivi d'un imposant silence, comme si aucun être animé n'osait élever la voix en présence de ce roi du désert.

Ce ne fut pas un petit travail, le lendemain matin, de réunir les animaux dispersés dans la plaine, et mis en gaîté par cet avant-goût de liberté dont ils venaient de jouir, comme par le bien-être consécutif à l'effet des eaux de Kourma.

La moitié des janissaires dut y employer toute la matinée, pendant que les autres, préposés à la garde des prisonniers, faisaient rassembler les marchandises et les bagages, épars dans le hamada, par les esclaves et les domestiques de la caravane. Innocents du crime d'Ibrahim et de ses complices, ces derniers n'avaient fait qu'obéir à leurs maîtres, et la liberté leur fut provisoirement rendue, avec avis qu'au premier soupçon ils auraient la tête tranchée.

Quant à Ibrahim et à tous ceux qui pouvaient être accusés de complicité avec lui, ils eurent les jambes entravées et les bras attachés derrière le dos, pendant qu'une chaîne, à laquelle ils étaient reliés par des colliers de corde, les unissait les uns aux autres, comme un vaste serpent aux replis multiples.

Telle est la méthode arabe pour conduire en sécurité une bande de malfaiteurs[1].

1. L'auteur a vu par lui-même une bande de brigands ainsi conduite, monter dans le train du chemin de fer à Ghardimaou, à destination de Tunis, pour être soumis à la justice du Bey.

A peine en chasse ils tombèrent au milieu d'une bande de superbes animaux.

CHAPITRE XI

EN CHASSE

Suivant les instructions du cheikh, la caravane devait se diviser en deux bandes après avoir reconquis les marchandises volées.

Une première ramènerait les prisonniers à Ghrât; la seconde continuerait le voyage pour y trafiquer des marchandises et former une caravane de retour chargée des produits soudaniens obtenus en échange.

C'était la combinaison économique la plus rationnelle.

Mais il fallait penser que le sultan d'Agadès avait pu être prévenu de la prochaine arrivée d'Ibrahim, et avoir déjà été mis dans ses intérêts. Il parut donc prudent d'éviter cette ville et de se diriger aussi rapidement que possible dans le Sud, par *Bababourni* (la grande ville), en faisant un petit crochet dans l'Est.

On campa une seconde nuit sur le lieu même où avaient été rejoints les pirates, après avoir arrêté en conseil les dispositions à prendre pour le lendemain; et, bien avant le lever du soleil, les deux troupes se séparèrent.

L'une, composée du tiers des janissaires, était commandée par le chef qui avait reçu les pouvoirs du cheikh de Ghrât; elle ramenait vers le nord Ibrahim et ses complices avec quelques chameaux de charge pour l'eau et les vivres, et un petit nombre d'esclaves pour les soigner et les conduire.

Le commandement de la seconde troupe fut confié à un certain Omar ben Omar qui avait été jusque-là le second de la caravane militaire; il devait escorter les marchandises jusqu'à *Kano*, pour y être négociées au mieux.

Naturellement Marius, Mardochée et leurs engagés suivaient la même direction, continuant à bénéficier de la protection d'Omar et des siens, protection qui devenait d'autant plus indispensable que la présence d'un Européen si avant dans le Sud était plus anormale.

Nous avons d'ailleurs omis de mentionner qu'avant son départ de Ghrât, Marius Mercurin avait prudemment quitté, sur le conseil de Mardochée, son costume de touriste européen, pour prendre celui d'un marchand turc, ce qui, le cas échéant, expliquait suffisamment son ignorance de la langue arabe, des dialectes et même de certains usages locaux, tout en lui assurant une sécurité relative parmi les peuplades musulmanes qu'il traversait, où chaque habitant pouvait le prendre pour un coreligionnaire. Il évitait, du reste, de se produire, laissant Mardochée traiter les affaires, la présence d'un juif n'ayant rien d'extraordinaire dans une caravane de marchands.

Décidément la zone du désert était dépassée; le hamada se continuait bien encore pierreux; mais l'eau se faisait plus commune et les arbres plus fréquents.

Le royaume d'*Aïr*, qui comprend le *Kelloui* et le *Damergou*, est en effet une longue bande étroite, un promontoire fertile qui pénètre comme un coin d'âpre verdure dans l'aride stérilité du désert.

Son nom, qui veut dire, chez les Touareg, *choisis ce que tu voudras*, exprime combien ce pays est favorisé par rapport à la fertilité si restreinte des oasis qu'ils habitent. Agadès est sa capitale; quoique centre important de commerce, ce n'est pas le principal comptoir de l'Aïr. La résidence du Sultan en fait plutôt un centre politique et militaire, qu'évitent la plupart des caravanes; elles préfèrent, en général, passer par *Bababourni*, qui en est peu éloignée, mais où les exactions des agents du fisc sont moins à redouter, à cause de leur plus grand éloignement du Soleil qui, vivant de leurs apports quotidiens, les protège de ses rayons tout-puissants.

Un jour avant d'arriver à Bababourni, les caravanes qui viennent du Nord trouvent une vaste plaine herbeuse fréquentée par des troupeaux d'autruches que viennent y chasser les gens du Damergou; la chair de ces grands échassiers est fort appréciée des indigènes, et la riche dépouille de leurs plumes trouve un écoulement facile dans les caravanes qui viennent du Sud.

Marius put participer à une de ces chasses, et tuer après une longue randonnée un beau mâle dont la chair vint faire une heureuse diversion à la nourriture habituelle, et dont la dépouille lui fit un splendide trophée de chasse.

Bababourni, seconde ville de l'Aïr, est la capitale du Damergou. Son chef civil dépend du sultan d'Agadès. Ces deux grandes villes sont des centres de transit importants; mais le commerce y décroît sensiblement chaque année depuis que l'occupation du bas Niger par les Anglais est venue ouvrir, par le Sud, un débouché facile aux produits du Soudan. Peu de villes sont aussi intéressées à l'ouverture de communications sûres et rapides avec les ports de la Méditerranée.

Bababourni est entourée de hautes murailles dans l'intérieur desquelles les caravanes de passage ne pénètrent pas. Les échanges s'y font sur un grand champ de foire situé hors ville, ou au campement même dans un espace généralement réservé *ad hoc* au centre des tentes. Les agents fiscaux viennent sur les lieux mêmes percevoir un droit de péage d'environ trois francs par chameau ou un franc par mulet.

Ce fut sous les murs de la ville que campa la troupe d'Omar

ben Omar. On y renouvela rapidement l'eau et les provisions, et quelques échanges commerciaux avantageux y furent opérés; Mardochée avait reconnu que le plomb abondait sur la place, tandis que la parfumerie y était rare et que les parapluies, marchandise fort recherchée, y faisaient totalement défaut. Il y avait tout avantage à se débarrasser d'une marchandise encombrante pour se munir d'une autre plus lourde sous un bien moindre volume. Ce fut même une opération financière très fructueuse.

On ne séjourna à Babahourni que trois jours; le lendemain du départ, on bivouaquait à *Alkaourou*, grand village nègre, à partir duquel l'on ne voit plus de chameaux que dans de rares caravanes; et encore. ceux qui ont été élevés chez les Touareg sont-ils les seuls qui dépassent cette limite, les autres ne pouvant supporter la chaleur tropicale de ces contrées, et mourant de coups de sang.

A travers de riantes plaines, fertiles et couvertes de beaux blés, de maïs et de sorgho, on gagna *Gazaoua*, ville importante, et *Tessaoua*, où l'on prit encore trois jours de repos.

C'est un vaste marché d'esclaves, où est trop souvent mise en oubli la loi musulmane qui défend de réduire à l'esclavage un sectateur du Prophète.

On n'était plus qu'à sept ou huit jours du Kano, et le voyage si heureusement accompli jusque-là paraissait devoir se terminer dans les meilleures conditions, lorsque la passion cynégétique entraîna Marius dans une série de terribles aventures.

Plus on descend dans le Sud, plus la végétation devient luxuriante. Si les environs des centres habités sont bien cultivés, partout ailleurs ce sont d'immenses savanes et de profondes forêts où pullulent les échantillons les plus variés de la faune du Centre Afrique.

C'est l'habitat de préférence des girafes; les autruches et les zébus y abondent avec d'innombrables troupeaux d'antilopes et de gazelles, parmi lesquels paissent de gracieux zèbres à la robe élégamment rayée de noir et de blanc; le menu gibier y est naturellement encore plus commun. Dans les sombres profondeurs des forêts, les carnassiers guettent une proie facile; les rugissements, les hurlements et les jappements des bêtes féroces, entrecoupés des cris agaçants des singes, venaient souvent la nuit troubler le sommeil des voyageurs.

On allait entrer dans le Sokoto, et pour n'avoir pas à payer au gouverneur de *Katchena* le droit de 5000 *oudas* (environ 5 francs) par charge qu'il prélève sur chaque caravane, on avait décidé de traverser l'immense plaine située à l'est de cette ville, pour marcher en ligne droite sur Kano.

Depuis deux jours on y était engagé, et Marius voyait avec désespoir apparaître au loin dans les hautes herbes, et disparaître avec une vitesse vertigineuse devant la caravane, des cous allongés de girafes et d'autruches, des bandes de bœufs à bosse, de gazelles, d'antilopes et de zèbres.

Les bêtes de somme, surmenées par des étapes trop fréquentes, avaient un besoin urgent de repos; plusieurs étaient déjà tombées de fatigue, et une dernière halte de deux ou trois jours était devenue nécessaire.

On était justement au milieu d'une vaste savane aussi favorable que possible pour une halte prolongée : bon pâturage, bonne eau, du bois à proximité, et chasse en abondance!

Les bêtes furent donc déchargées, attachées au piquet, et les tentes dressées au milieu des bagages, formant une espèce de camp retranché.

Après un jour entier de repos, une grande battue fut organisée, tant pour le plaisir de la chasse, que pour se procurer un surcroît de vivres en bonne venaison fraîche.

Ce fut une joie délirante pour Marius, qui passa la journée à visiter et à nettoyer ses armes. Mardochée, d'humeur plus pacifique, préféra rester au camp avec les guerriers préposés à sa garde, en assez grand nombre pour n'avoir pas à redouter un coup de main de quelque bande de hardis maraudeurs.

Les chasseurs ne devaient d'ailleurs pas beaucoup s'éloigner, de crainte de surprise, et un signal fut convenu pour les faire rallier en cas d'alerte.

Avant le point du jour, les chasseurs prenaient à rebours la route suivie la veille, pendant laquelle de nombreuses girafes avaient été aperçues.

La savane était parsemée de bouquets d'arbustes d'essences variées, qui devaient faciliter l'accès du gibier convoité, en dérobant à sa vue les chasseurs, qui se répandirent bientôt dans la plaine, chacun à son inspiration, tantôt isolés, deux par deux ou par groupes.

Un des cavaliers d'escorte de Marius seul l'accompagnait.

A peine en chasse, après avoir tourné un petit taillis, ils tombèrent inopinément au milieu d'une bande de superbes animaux en train de brouter les hautes pousses sur la lisière, et qui prirent en un instant la fuite à une allure dont n'approchent pas les meilleurs lutteurs de nos champs de course.

Mais une balle est encore plus rapide; Marius et son compagnon arrêtèrent subitement leurs montures, eurent le temps de faire feu, et deux girafes accusèrent nettement le coup. Elles furent promptement distancées par le gros de la bande, qui ne tarda pas à disparaître.

L'animal atteint par Marius prit la droite, tandis que l'autre s'éloignait rapidement en sens inverse. Chacun de nos deux cavaliers s'élança à la poursuite de sa victime.

Quoique sensiblement ralentie, l'allure des animaux blessés devait encore demander de vigoureux efforts aux montures de nos deux compagnons de chasse.

Malgré la vitesse de son mehari, la distance se maintenait entre Marius et la girafe, si même elle ne s'accroissait pas peu à peu. La bête courait en ligne droite, et il devint bientôt évident que sa blessure était légère; un moment cependant, profitant d'un crochet qu'elle fit pour se rapprocher d'une forêt dont le premier plan bornait l'horizon à l'est, Marius prenant la corde rapprocha la distance, et put lui envoyer une seconde balle. Le projectile, lui rasant seulement l'échine, n'eut malheureusement d'autre effet que d'accélérer sa vitesse, et bientôt chasseur et gibier disparurent derrière un rideau de hautes herbes surmontées d'une sorte de jonc très élevé.

Le compagnon de Marius avait été plus heureux; du flanc de la girafe s'échappait un ruisseau de sang, et quoique sa vitesse ne se ralentît pas, on voyait à son allure et aux mouvements de balancier de son long cou, que ses forces vitales s'épuisaient. En effet, après une poursuite d'une vingtaine de minutes au plus, elle s'abattait lourdement, et quand l'Arabe arriva près du corps gigantesque étendu à terre, le dernier râle s'échappait de sa poitrine, et de sa carotide ouverte, à peine s'échappa-t-il assez de sang pour satisfaire à la loi du Prophète, ses artères s'étant déjà vidées par la blessure pendant sa fuite. . . .

. . . .

Toute la matinée, la plaine retentit de coups de fusil, et dans tous les sens elle était jonchée de cadavres égorgés, ou parcourue par des chasseurs en quête de gibier, ou à la poursuite d'animaux blessés.

L'après-midi fut employé à écorcher et à dépecer les victimes, dont les peaux ne devaient pas faire l'un des moins précieux objets d'échange. Les chasseurs se rejoignaient peu à peu; les groupes dispersés se rassemblaient, et quand le travail de boucherie fut fini, un seul manquait à l'appel.

C'était Marius Mercurin qui n'avait pas reparu depuis qu'une véritable forêt herbacée l'avait dérobé aux yeux de ses compagnons de chasse. . . . .

. . . .

Des cris et des sons de trompes, des décharges générales des armes à feu restèrent sans réponse, et quand, après d'infructueuses recherches, la nuit fut venue, les chasseurs regagnèrent le camp avec l'espoir qu'il les y avait précédés.

Vain espoir! de Marius Mercurin, pas de nouvelles! Toute la nuit, de grands feux furent allumés, mais il ne parut toujours pas, et quand le jour fut venu, il n'avait encore donné aucun signe de vie. . . . .

Le dernier râle s'échappait de la poitrine de la girafe.

. . . .

Mardochée était désolé et se lamentait tristement.

« Il faut le chercher ! dit-il à Omar.

— Allah est grand, lui répondit celui-ci ; s'il veut le sauver, il le sauvera ; s'il veut sa mort, il mourra.

— Dieu a dit de secourir son prochain dans la détresse.

— Vas-y si tu veux ; je ne puis retarder l'expédition et compromettre mes hommes pour un infidèle.

— Cherchons encore aujourd'hui, Omar ! Je te donnerai beaucoup d'argent.

— Combien de douros me donneras-tu ?

— Vingt douros.

— Ce n'est pas assez ; j'en veux cinquante.

— Un jour de retard ne vaut pas cela ; je t'en donnerai trente.

— J'en veux cinquante.

— Que dira le cheikh si tu reviens sans le Roumi ?

— Le cheikh trouvera que j'ai bien fait !

— Quarante douros, mais c'est tout.

— Tu marchandes la vie de ton maître, sale juif[1] ! J'en veux cinquante. »

Fallait-il que les liens qui attachaient Mardochée à Marius fussent puissants ! Il promit les cinquante douros, et dès le matin une battue générale fut organisée dans la direction où le malheureux Marius avait disparu la veille.

1. Il ne faut pas oublier que c'est un musulman qui parle

Ahmadou se pencha sur le corps du lion.

CHAPITRE XII

AHMADOU

La route de la veille fut donc reprise à l'aube; cette fois, Mardochée accompagnait les chasseurs, qui se dirigèrent rapidement sur le point où l'on avait vu Marius disparaître à la poursuite de la girafe blessée.

Les traces étaient bien visibles, et la piste facile. Aux longues foulées de la bête sauvage et du mehari, on voyait que la fuite avait été rapide et la poursuite acharnée; quelques taches de sang marbraient de loin en loin le sol; mais elles n'étaient pas considérables et il était à craindre que l'animal poursuivi eût pu fournir une longue traite.

En effet, depuis deux heures déjà, les vestiges couraient en ligne droite parallèlement à la lisière touffue de la forêt où la haute taille de la girafe l'avait sans doute empêchée de chercher un refuge.

Tout à coup les voies obliquaient brusquement à droite, dans l'ouverture béante formée entre les arbres par le cours d'un large ruisseau sortant du bois, dont les berges humides portaient les traces d'animaux de diverses espèces.

Le sol plus mou, où enfonçaient les sabots du fuyard, était particulièrement favorable à la course du chameau; de longues

branches transversales avaient ralenti la fuite, et le mehari, moins haut que la girafe, avait profité de cet avantage; les enjambées de cette dernière devenaient en effet moins longues, moins régulières, et l'on trouva des traces assez rapprochées de sa chute sur le terrain humide.

Marius avait sans doute pu l'approcher et la tirer de nouveau; tout faisait penser qu'on ne tarderait pas à trouver sa dépouille.

L'étroit chemin conduisit les chasseurs dans une clairière, d'où s'élevèrent, avec des cris discordants, une bande d'oiseaux de proie, quand ils y firent leur apparition.

Ces rapaces avaient été attirés par les restes de la girafe qui gisait au centre de la clairière, à moitié dévorée déjà par les fauves.

Les traces du chameau, de plus en plus allongées, indiquaient par un brusque écart une subite terreur; elles étaient suivies de près par celles de puissants félins; un malheur paraissait à redouter, et l'on n'eut plus de doute lorsqu'on

vit déboucher sans cavalier, à une allure effarée, la monture de Marius, attirée par la présence de ses congénères et venant, d'instinct, se remettre sous la protection de l'homme.

On sait que les fauves dédaignent la chair du chameau quand ils ne sont pas pressés par la faim; c'est pourquoi l'animal avait été épargné; mais il était bien probable que le pauvre Marius était devenu la proie des bêtes féroces. Cependant les environs de la clairière, méticuleusement fouillés, ne laissèrent découvrir aucun indice de son sort; de bruyants signaux d'appel restèrent encore sans réponse; mais, comme nulle part aux environs l'on ne trouva de vestiges de lui, il devint évident qu'il n'avait pas été dévoré sur place; un sort plus cruel lui avait peut-être été réservé. N'avait-il pas été emporté vivant par quelque femelle désireuse de fournir à ses petits une proie palpitante à déchirer?

C'était l'avis général!

Cependant l'un des nègres de Marius fit judicieusement remarquer que deux lions seulement s'étaient élancés après le chameau, et que leurs empreintes étaient celles de jeunes bêtes; la poursuite n'avait même pas été longue; l'un d'eux était tombé blessé sur le sol, et tous deux avaient disparu dans le fourré; les traces du chameau continuaient ensuite le long du ruisseau, pour s'engager dans une sente qui pénétrait dans la forêt.

Une nouvelle surprise avait dû l'arrêter encore, car le chameau avait brusquement fait volte-face pour revenir en arrière, et sa piste montrait qu'il avait follement erré toute la nuit.

Là le sol fut de nouveau examiné avec soin; pas un brin d'herbe qui ne fût passé en revue, pas un arbre dont l'écorce ne fût scrupuleusement visitée.

Rien, rien, toujours rien! Aucun indice ne vint indiquer le séjour ou le passage d'un être humain. On n'en pouvait plus douter, tout espoir de retrouver Marius devait être abandonné, et malgré les supplications de Mardochée, Omar ben Omar donna le signal du retour.

Il fallait l'entêtement d'Ahmadou (c'était le nom du noir) et l'affection qu'il avait vouée à Marius qui, après l'avoir acheté à Ghrât, lui avait rendu la liberté sous la seule condition de l'accompagner et de le servir fidèlement pendant la durée du voyage, il fallait, dis-je, son entêtement et son affection pour conserver quelque espoir; il revint bien au camp avec les autres; mais là il déclara à Mardochée qu'il ne continuerait pas la route avant d'avoir eu la preuve de la mort de Marius; il demandait seulement un fusil, un couteau, de la poudre et des balles pour continuer les recherches. Généreusement Mardochée y ajouta un havresac rempli de provisions, et seul, le bon nègre reprit la route de la forêt.

Natif du Bagirmi, Ahmadou avait déjà une vingtaine d'années lorsqu'il fut enlevé de son pays dans une razzia de ces voleurs d'esclaves qui descendent périodiquement de l'Egypte et des pays barbaresques pour faire la chasse aux hommes sous les prétextes les plus spécieux, avec l'aide des chefs de tribus amies, soudoyés pour porter la guerre chez leurs voisins, d'où ils ramènent de nombreux prisonniers.

Conduit avec un troupeau de ses compatriotes sur le marché de Tessaoua, Ahmadou avait été adjugé à un marchand d'esclaves de la régence de Tripoli, et depuis cinq ans déjà il servait les parents de Mardochée à Ghrât, lorsqu'il fut cédé comme un serviteur actif, honnête et intelligent à Marius, qui lui promit, comme nous l'avons vu, sa liberté.

Les bons procédés de Marius et sa promesse l'avaient promptement et solidement attaché à son nouveau maître par les liens de la reconnaissance, et il lui était dévoué corps et âme au moment de sa disparition.

Le Bagirmi, situé au sud du lac Tchad, a beaucoup de ressemblance avec le Damergou, le Kanem et le Bornou qui en occupent la partie septentrionale; l'aspect et la nature de ces régions sont à peu près les mêmes.

Ahmadou, qui avait parcouru pendant les premières années de sa vie les forêts et les savanes du Bagirmi, ne devait donc pas se trouver trop dépaysé dans le pays où avait disparu Marius; et il était à même d'y pourvoir à subsistance, tout en poursuivant ses dangereuses recherches.

Quelques heures après avoir quitté la caravane, fier d'être aussi bien armé, il disparaissait seul dans la forêt, l'œil au guet et l'oreille tendue, la narine dilatée, tous les sens en éveil, quêtant comme un limier en chasse ou comme un Peau-Rouge sur le sentier de la guerre.

En même temps Omar ben Omar, le triste Mardochée et leurs compagnons reprenaient la route du Sud, et six jours après, la caravane arrivait à Kano où devaient être échangées les marchandises reconquises sur Ibrahim et celles de la Société Marius Mercurin et Mardochée ben Chloumou.

Quant au bon nègre il se rendit tout droit au point où le mehari avait rebroussé chemin, pour procéder à un nouvel examen des lieux. Il déployait une extrême prudence et ne mettait pas un pied devant l'autre sans examiner les buissons ; son oreille tendue percevait le moindre bruissement, pendant que son œil cherchait quelque indice dont il pût tirer parti.

D'abord il prit le contre-pied du chameau, remontant les traces jusqu'à l'endroit où les deux jeunes lions étaient rentrés sous bois.

Il n'en pouvait douter, l'un des lionceaux était grièvement blessé, à moins que ce ne fût le sang de Marius qui eût laissé sur le sol une longue traînée.

Il fallait s'en assurer; Ahmadou pénétra donc dans le taillis sur les brisées des fauves, dont il retrouvait les traces à chaque pas, avec de nouvelles taches de sang.

Subitement il s'arrêta ! Une odeur nauséabonde de chair corrompue venait de saisir son organe olfactif; guidé par cette puanteur, il arriva bientôt à un endroit où les basses branches brisées, le gazon foulé et la terre labourée semblaient avoir été le théâtre d'une lutte acharnée.

En effet, l'un des lions y avait soutenu la dernière et terrible lutte de la vie contre la mort, et ses puissantes griffes, dans son agonie, avaient tout déchiré autour de lui. Son cadavre était là, dans un état de décomposition déjà avancé. Peu sensible aux mesquines répugnances des jeunes dandies de nos villes, Ahmadou se pencha sur le corps, et, après un court examen, trouva la blessure à laquelle il avait succombé.

La balle, entrée au défaut de l'épaule, avait dû atteindre les régions cardiaques, et l'animal n'avait pas tardé à mourir.

Marius était donc vivant quand les fauves s'étaient élancés à la poursuite de son mehari.

Et pourtant, aucun indice entre le point de leur fuite et celui où le chameau avait fait demi-tour. — Quand il y fut revenu, adossé à un gros arbre, pour ne pas être surpris par derrière, l'arme en arrêt, Ahmadou se mit à réfléchir, toutes ses facultés intellectuelles tendues vers la solution de ce problème :

Pourquoi le mehari s'est-il arrêté brusquement alors que la sente continuait de plus en plus facile, et pourquoi est-il revenu subitement sur ses pas?

Il fallait qu'une grande frayeur l'eût arrêté, et pourtant aucune empreinte ne se voyait sur le sol.

Alors... ?

Instinctivement le nègre plia l'échine à l'idée qui lui traversait le cerveau.

Combien de fois n'avait-il pas vu des hommes ou des animaux saisis au passage par un de ces grands reptiles, boa ou python qui, dans les forêts de son pays natal, se laissent pendre à une branche pour enlacer de leurs terribles anneaux la proie qui passe à leur portée !

En même temps ses yeux se levèrent inquiets vers la sombre voûte de la forêt, dont il se mit à inspecter les moindres détails.

Juste en face de lui, de l'autre côté du sentier, se trouvait un de ces gigantesques arbres à caoutchouc (*Ficus elastica gummifera*) aux puissantes racines adventives, véritables fûts de colonnes qui souvent d'un seul arbre font une forêt ; de l'une des branches qui traversait le sentier, s'échappait, à gouttes répétées, le suc laiteux de l'arbre ; une déchirure dans son écorce causait cette saignée anormale, et une large plaque détachée pendait encore par quelques fibres, indiquant qu'un violent effort avait été fait là, juste à la rencontre de la verticale élevée au point d'arrêt du chameau.

Posément le nègre reporta les yeux sur le sol, et constata que sous la branche un dépôt gluant, qui d'abord n'avait pas attiré ses regards, avait été formé par la sève écoulée.

En quelques minutes il fut à califourchon sur la branche, où il découvrit, avec terreur, profondément incrustées dans l'aubier tendre, des marques d'ongles acérés dont la vue lui fit dresser sur la tête ses cheveux crépus, pendant que son teint verdissait, ce qui est la pâleur des noirs.

Il ne voyait que trop à quel dangereux ennemi Marius avait eu affaire!

C'étaient les traces du plus terrible des hôtes des forêts, dont les attaques sont redoutées des lions eux-mêmes.

Et, accroché au biseau d'une branche cassée, pendait un lambeau de la veste de Marius; il n'en pouvait douter, notre ami avait été saisi au passage par le bras puissant d'un gorille.

Ahmadou se livra à une chorégraphie échevelée.

CHAPITRE XIII

PISTE AÉRIENNE

La situation était critique, mais non désespérée.

Malgré ses formidables mâchoires et sa force incalculable, le gorille, qui est herbivore et frugivore, n'est point essentiellement méchant. Quoiqu'ils vivent isolés de leurs congénères, seuls ou en famille, ils ressemblent à certains ermites ou à ces misanthropes retirés du monde qui aiment à se donner un compagnon d'une autre race qu'eux-mêmes, et il n'est pas rare de les voir enlever un homme, une femme ou un enfant qu'ils élèvent avec soin, souvent pendant plusieurs années, sans qu'ils parviennent à leur échapper; et loin de se montrer cruels pour leurs prisonniers humains, ils leur témoignent la même attention qu'ont les douairières ou les vieilles filles pour leur carlin, leur guenon, leur chat ou leur perroquet.

Marius était donc tombé entre les mains d'un gorille, et Ahmadou pouvait espérer le retrouver vivant; mais les recherches devaient être difficiles et périlleuses, le gorille étant un animal redoutable quand on l'attaque, et défendant la possession des prisonniers qu'on veut lui reprendre avec la même ardeur qu'il mettrait à défendre sa progéniture.

S'il n'avait affaire qu'à un gorille célibataire, il serait moins difficile de délivrer Marius; mais la chose deviendrait plus ardue si notre malheureux voyageur avait été apporté à ses petits par un père de famille affectueux, comme nous donnons une souris blanche ou un caméléon à nos enfants pour les amuser.

Il fallait aviser.

Les brisées de l'animal dans la ramure des arbres étaient faciles à reconnaître, et comme le sentier aérien paraissait très fréquenté, on pouvait craindre de se trouver tout à coup nez à nez avec lui ou d'être subitement empoigné par son énorme main.

Ahmadou, sachant que le gorille, hôte de ses forêts natales, suit toujours par prudence les plus grosses et les plus basses branches, s'éleva promptement de quelques mètres, et se mit à suivre de là la piste du quadrumane, genre de locomotion plus facile qu'on ne pourrait croire dans ces forêts ininterrompues où tout arbre allonge ses branches jusqu'à les enlacer avec celles du voisin, où des ponts de lianes flexibles réunissent à de grandes distances un arbre avec un autre, à tel point que de semblables voyages sont plus faciles que des courses à terre, où la marche est à chaque instant arrêtée par l'épaisse végétation de ces sous-bois si communs dans les forêts africaines, ou par ces mêmes lianes qui facilitent la translation aérienne.

Il avança de la sorte, tous les sens en éveil, sans s'arrêter, jusqu'à la tombée de la nuit; la route faisait à peine quelques circuits, conséquence obligée de la chute d'un gros arbre faisant une éclaircie. A cette hauteur il n'avait rien à craindre des fauves; le gorille n'est pas un rôdeur de nuit, et les serpents qui pullulent aux premiers plans d'une forêt se font rares à mesure qu'on y pénètre, et ne montent guère au sommet des arbres que pour y chercher la chaleur vivifiante des rayons de l'astre du jour.

Ahmadou gagna donc encore quelques mètres en hauteur, s'accota solidement à l'aisselle de trois branches où un lacis de lianes minces formait comme un dos de fauteuil; il se contenta pour ce soir-là d'une galette de biscuit de mer arrosée du jus d'une espèce de concombre aqueux qui lui servit de boisson, et qui, à la mode de certaines orchidées, jette sa semence et pousse ses racines dans l'humus que forment, avec les apports du vent, les feuilles mortes dans les fentes et les cavités des branches; et les fatigues de la journée ne tardèrent pas à lui procurer un profond sommeil que rien ne vint interrompre jusqu'à l'aurore.

Dès que la clarté du jour commença à dorer les sommets des arbres, notre bon noir se mit en route après un frugal repas; d'abord la voie, large et droite comme la veille, resta facile à suivre; mais elle le conduisit bientôt à une sorte de carrefour où aboutissaient plusieurs autres sentiers semblables entre eux; tous paraissaient également fréquentés; mais à l'entrée d'aucun ne se voyaient de traces du passage de Marius.

Un seul parti était à prendre, qui pouvait malheureusement causer une grande perte de temps, suivant que le sort serait plus ou moins favorable au brave chercheur de pistes : c'était de fouiller l'une après l'autre chacune de ces voies aériennes, en ayant soin de faire à l'entrée de chacune d'elles des entailles aux arbres comme points de repère.

Ahmadou suivit d'abord la première à sa droite : c'était une impasse qui se terminait brusquement; il n'y découvrit rien qui attirât son attention, et revint au carrefour pour suivre la seconde allée. A quelque cent mètres de son point initial, elle bifurquait sur la gauche; c'était une nouvelle complication avec un nouveau retard; mais la patience dans leurs recherches est une des vertus caractéristiques des peuples primitifs, et celles du fidèle serviteur continuèrent; la route de droite se perdait rapidement sous bois et ne pouvait qu'éloigner de la hutte du gorille (l'on sait que ces quadrumanes se construisent des espèces de cabanes de branchages entrelacés, près desquelles ne brilleraient pas les habitations de certaines tribus sauvages). Etant donc revenu au chemin qu'il avait laissé à gauche, il continua ses perquisitions.

Bientôt le clair gazouillement d'un ruisseau vint frapper les oreilles d'Ahmadou. Le sentier cessait sur ses bords; là des traces du singe géant montraient qu'il fréquentait souvent cet abreuvoir; on voyait aux arbres des marques nombreuses de ses descentes et de ses ascensions. Ahmadou, épuisé, s'y désaltéra aussi, et prit un acompte sur ses provisions.

Après quoi, il recommença ses recherches sur le bord du ruisseau.

Les traces avaient toutes les mêmes dimensions; elles semblaient appartenir à un même animal, circonstance des plus heureuses, Marius devant être devenu le favori d'un gorille célibataire. En outre, les allures de l'animal indiquaient une jeune bête, condition plus favorable encore, ces animaux étant de moins en moins sociables à mesure qu'ils vieillissent.

Le corps plié, le jarret tendu, l'œil rivé à terre, Ahmadou scrutait les moindres indices,quand soudain un cri étouffé sortit de sa gorge ; il venait de reconnaître, à n'en pouvoir douter, bien distinctement imprimées sur le sable humide, des traces de pieds chaussés ; Marius était donc venu là, escorté de son bestial propriétaire.

Ils devaient certainement y revenir encore.

Inutile donc de chercher la hutte du quadrumane pour l'y surprendre pendant son sommeil, comme il en avait formé le projet. Là pouvait être utilement préparée une embuscade !

D'abord, pour prévenir Marius qu'un secours était proche, Ahmadou attacha à un buisson. bien en vue, une pièce de sa ceinture multicolore; puis, comme la nuit arrivait, il regagna les hautes branches, et s'y installa dans une sorte de hamac de ces mêmes lianes souples et flexibles qui étendaient leurs rameaux dans toute la forêt; mais il fut longtemps sans pouvoir goûter les douceurs du sommeil, préoccupé qu'il était de savoir quel moyen employer pour délivrer Marius.

Au jour, il n'avait rien trouvé de mieux que de se précipiter sur le singe, en exposant franchement sa vie, de le tirer à bout portant et de se jeter à corps perdu sur lui, armé de son seul coutelas; peut-être Marius, prévenu par le lambeau d'étoffe, serait-il sur le qui-vive et pourrait-il lui venir en aide!

Cependant un calme complet régnait dans la nature, et vers le matin, les yeux appesantis du nègre se fermèrent; il n'aurait pu dire depuis combien de temps il dormait, quand un horrible hurlement, un cri isolé, mais un affreux cri de détresse, le réveilla en sursaut.

Ce réveil subit ne permit à Ahmadou que d'en reconnaître bien imparfaitement la direction, et il ne put deviner de quel gosier puissant sortait ce cri déchirant.

Était-ce un éléphant, quelque gros ruminant, un fauve, le singe ou Marius lui-même qui l'avait poussé?

Terrible perplexité!

Ses oreilles attendaient anxieusement qu'il se renouvelât. Vain espoir! Aucun autre bruit que le chant des oiseaux qui s'éveillaient ne se faisait entendre.

Cependant le soleil avait percé les brumes du matin, et Ahmadou, décidé à risquer sa vie pour sauver son maître, le fusil en arrêt, le coutelas à la ceinture, se mit à parcourir fiévreusement le sentier même tracé par le grand quadrumane; il y avançait bien plus rapidement que dans les branches supérieures.

Toute la journée, il courut inutilement!

Et vers le soir, harassé, n'ayant pris ni repos ni nourriture, il allait succomber à la fatigue et à l'épuisement, quand il lui sembla qu'à quelque distance de lui, les derniers reflets du soleil couchant, éclairant encore les troncs des arbres à travers la feuillée, étaient interceptés à intervalles réguliers, comme si un corps opaque se balançait entre le sol et les basses branches.

Comme la vue du gibier rend un instant au chasseur bredouille ses forces disparues, cet étrange effet d'optique fit bondir le noir, qui sentit renaître sa vigueur.

Que pouvait-ce bien être?

Sans prendre le temps de la réflexion, avec une folle témérité, il se précipita en avant, et eut bientôt l'explication du singulier phénomène.

Quel fut son étonnement?

Le gorille était là, pendu par le cou à une grosse branche, au bout d'une de ces fortes lianes, d'une extrême flexibilité, qui abondaient dans la forêt; les pouces de ses quatre membres, liés par une mince ficelle, ne lui avaient pas permis de se débarrasser de la corde naturelle qui l'avait étranglé.

Ce fut d'abord une indescriptible stupéfaction, une sorte d'abêtissement; puis tous ses membres, subitement mis en mouvement comme mus par la détente de quelque ressort caché, se laissèrent aller à de burlesques contorsions, à de joyeuses gambades, et il exécuta une effrénée sarabande; de son gosier s'échappaient en cadence des sons inarticulés entrecoupés de cris suraigus, et pendant quelque temps il se livra à une chorégraphie échevelée, jusqu'à ce que ses muscles surmenés, qu'une brusque tension du système nerveux avait seule mis en branle, lui refusassent le service; et alors il tomba à terre, exténué, dans un complet anéantissement.

Il fut ainsi quelque temps avant de reprendre ses facultés, grisé par cette agitation fébrile et ces cris insolites, comme ces Aïssaoua qui s'hypnotisent par une série de mouvements rapides et répétés, au point de devenir assez insensibles pour manger impunément du verre cassé, marcher pieds nus sur un brasier ardent ou se traverser la langue d'une aiguille rougie au blanc.

Ce furent les tiraillements de son estomac à jeun qui le rappelèrent à la réalité; il avait heureusement sur lui, grâce à la prévoyance de Mardochée, de quoi réparer ses forces, et son sac promptement débouclé lui offrit bientôt un substantiel repas; dans sa joie de savoir Marius délivré de son gênant acolyte, il fit une large brèche à ses provisions, qu'il arrosa copieusement de l'eau claire dont il avait empli sa gourde aux bords du ruisseau; puis, comme les jours précédents, il alla chercher au sommet des arbres son poste de couchage, et ne tarda pas à y goûter un repos que lui avait bien gagné une journée de poignantes émotions et de fatigues excessives.

Marius se sentit brutalement empoigné par un bras colossal.

CHAPITRE XIV

TROIS JOURS DE CAPTIVITÉ

Les apparences n'avaient pas trompé Ahmadou.

Marius était en effet sur le point d'atteindre la girafe, quand deux lions se précipitèrent sur elle et firent faire au chameau un bond de côté qui manqua de le désarçonner, pendant que leurs petits, déjà grandelets, se mettaient à sa poursuite.

Heureusement les lionceaux avaient déjà la taille et l'âge auxquels les parents les abandonnent à eux-mêmes, ne souffrant plus qu'impatiemment leur voisinage par un reste d'habitude; sans quoi le coup de feu aurait attiré sur ses traces les parents furieux, et la mort du blessé eût été bientôt vengée.

Cependant le chameau affolé courait toujours; pour en venir plus facilement à bout, Marius avait passé la bretelle de sa carabine au crochet de la selle, et il commençait à s'en rendre maître, quand il se sentit brutalement empoigné par un bras colossal qui l'enleva dans les airs comme un fétu de paille; puis, comme un enfant que berce sa nourrice, il se trouva pressé contre la poitrine velue d'une affreuse créature ricanante qui, sans le serrer outre mesure, le maintenait cependant assez vigoureusement pour lui enlever l'usage de ses membres.

Comme un enfant rebelle aussi, il fit de vains efforts pour frapper son ravisseur des poings et des pieds, il gigota tant et si bien qu'il finit par lasser sa patience, et que la pression du bras s'accrut progressivement jusqu'à lui couper la respiration au point de lui causer une syncope.

L'animal n'était heureusement point d'un mauvais naturel; car dès qu'il sentit sa capture inerte, il relâcha sa pression, tout en continuant à fuir rapidement avec le fruit de son larcin. Il suivait la voie aérienne que nous avons vu Ahmadou parcourir; elle le conduisit bientôt au carrefour où le bon nègre s'était trouvé si embarrassé; et, sans hésitation, il prit l'une des allées y aboutissant, et ne tarda pas à arriver à sa demeure, où il déposa son fardeau inanimé sur une litière de feuilles sèches qui lui servait de couche.

Depuis que les bras du singe le comprimaient moins fort, l'air pénétrait plus librement dans la poitrine de Marius, et son sang s'était remis à circuler normalement.

Quelle fut sa terreur, quand il revint à lui, de se voir fixé par les petits yeux clignotants d'un singe gigantesque faisant claquer sa puissante mâchoire, et dont les immenses bras l'eussent bientôt ressaisi s'il eût manifesté la moindre velléité de fuite.

Mais avec les sens était revenu le souvenir, et Marius se remémora en un instant les terribles événements auxquels il venait de se trouver en butte, depuis le lancer de la girafe, sa course échevelée, l'arrivée des lions, la poursuite des lionceaux, son enlèvement, sa courte et impuissante lutte contre le gorille, qui, accroupi tout près de lui, ne le quittait pas du regard.

Sa première stupeur passée, il lui sembla trouver un certain air d'attendrissement, une certaine douceur dans l'œil de la grosse bête, qui paraissait plus inquiète que courroucée, et dont la face prenait même par instants des expressions affectueuses. Les claquements de sa mâchoire indiquaient même moins de férocité que de chagrin; c'était comme une sorte de pleurs. Un enfant doit contempler ainsi un lapin blanc ou un rat d'Inde qu'un vif accès de tendresse l'aurait fait comprimer trop vigoureusement sur son cœur.

Marius était homme de sang-froid; les circonstances nous l'ont montré.

Aussi vit-il de suite qu'aucune résistance n'était possible; et comme il n'était pas sans avoir lu des récits ayant trait à sa propre situation, il savait n'avoir à redouter aucune violence tant qu'il se montrerait calme et n'essayerait pas de fuir. Il fallait surtout ne pas irriter l'animal, et faire au contraire son possible pour l'amadouer.

Il imposa donc un doux sourire à ses lèvres, en esquissant un léger premier mouvement du torse, ce qui parut provoquer une vive joie chez l'animal.

Marius s'étant alors placé sur son séant, le singe se mit à sautiller autour de lui avec de petits cris de satisfaction; si notre héros avait assisté à la danse burlesque d'Ahmadou quand il trouva le singe pendu, il eût été frappé de la similitude des démonstrations de joie de l'homme et du singe.

Certes il était loin de se ranger sous la bannière de Darwin ou de Littré qui font descendre l'homme du singe; mais peut-être eût-il été porté à accepter l'opinion des nègres d'Afrique qui disent que le gorille est un homme plus fin qu'eux, parce qu'il ne parle pas, de peur qu'on ne le fasse travailler.

Voyant le succès de son premier mouvement, Marius passa de la position assise à la position verticale, ce qui enchanta le quadrumane, dont la bouche s'épanouit en un large rictus, hideuse parodie du rire; mais, craignant probablement un essai de fuite, sa main s'empara délicatement, du reste, du bras de son prisonnier, qui, feignant de prendre ce geste pour une aimable familiarité, lui tendit l'autre main restée libre, en lui disant, dans une gamine fanfaronnade :

« Bonjour, ma vieille ! Comment cela va-t-il, hein? »

On connaît les instincts imitateurs des singes.

Comme si, depuis son enfance, il eût été habitué à cette sorte de salutation familière, le gorille tendit aussi la main à Marius, et tous deux se la secouèrent à l'anglaise, comme une paire de vieux amis; et, pour ne pas être en reste de politesse, le singe répondit à la question sur sa santé par un grognement assez semblable, comme consonance, à la réponse invariable : « Pas mal et vous, merci. »

Et, comme pour cimenter leur nouvelle connaissance, sans lâcher le bras de Marius, de la cavité d'un gros arbre creux, auquel était adossée sa hutte, et qui lui servait de garde-manger, le singe tira quelques poignées d'arachides, des racines comestibles et des noix de coco dont il brisa la coque entre les dents, comme nous ferions d'une noix ordinaire, après les avoir adroitement dépouillées de leur enveloppe filamenteuse.

Puis, engageant du geste Marius à lui tenir compagnie, il se mit à manger.

Trouvant le menu un peu frugal, celui-ci retira de son sac une boîte de sardines et du biscuit de mer dont il s'était muni pour la chasse, et put fournir au repas un écot que son nouveau compagnon trouva fort à son goût.

Alors, cessant tout à coup de manger, ramenant en avant son cuir chevelu, l'animal parut se livrer à une profonde méditation, dont la conclusion fut qu'il s'empara de nouveau de Marius, qu'il avait lâché pendant le dîner, qu'il le plaça tout doucement sous son bras, et que, quelques minutes après, il parcourait avec son singulier fardeau, sans en être incommodé, l'un des sentiers aboutissant à sa demeure; il arriva bientôt à une éclaircie de la forêt où les arbres caoutchouc, moins serrés, permettaient et favorisaient même, par la protection de leur épais rideau, la végétation de nombreuses variétés d'excellents arbres fruitiers.

Là prospéraient, sous le dattier, le figuier de Barbarie, l'arbre à beurre, la vigne sauvage aux grains minuscules, mais excellents, l'oranger, le goyavier et, comme sous bois, parmi les arachides, des cucurbitacées variées et une foule de petits ananas aigrelets.

C'était le jardin du gorille.

Toujours sans lâcher Marius, l'animal escalada lestement un palmier peu élevé, dont il ne fut pas long à détacher le chou (ou bourgeon terminal), et se mettant à boire à même le vin de palme qui coulait de la blessure faite à l'arbre, il donna l'exemple à Marius, qui se désaltéra aussi à cette source naturelle. Tous deux grignotaient en même temps le cœur du chou, formant une excellente salade qui se passe très bien d'assaisonnement.

Ce n'était pas assez; le singe, trop hospitalier, tenait à prouver la supériorité de son ordinaire sur les produits culinaires des hommes.

Remettant Marius sous son bras, il se laissa glisser le long du tronc, et cueillant un fruit par-ci, un melon par-là, il composa un magnifique dessert exotique qui n'aurait pas déparé la table la mieux servie d'un de nos Lucullus modernes des plus raffinés.

Pendant que le singe et son homme festinaient, le soleil avait continué sa course; il marquait l'heure du retour, le gorille étant, nous l'avons dit, un animal fort sage, qui n'aime pas courir la nuit. Comme Marius ne manifestait aucune intention de fuite, le singe lui permit de cheminer près de lui, sans toutefois le perdre de vue. Marius, qui se sentait surveillé de près, se fût d'ailleurs bien gardé de témoigner de son envie de s'en aller, qui eût pu lui valoir quelque rude gourmade, ou inciter le singe à le replacer sous son bras, position pas commode du tout.

La cabane fut bientôt atteinte, Marius se vit forcé de partager la litière du singe, entre les bras duquel il se mit à simuler le sommeil, espérant que pendant celui de l'animal il pourrait lui échapper; mais il y renonça bien vite; car, ayant senti se relâcher le lien de ses deux bras, dont l'un retomba inerte le long du corps, le croyant bien endormi, et ayant voulu essayer un mouvement de retraite, il fut si brusquement rappelé à la prudence par une brutale pression qui lui fit craquer les côtes, qu'il abandonna pour cette nuit toute velléité de fuite.

Longtemps encore, il rumina dans son esprit des projets d'évasion; puis ses paupières se fermèrent peu à peu sous l'empire de la fatigue physique et morale de cette émouvante journée, et il finit par s'endormir, côte à côte, avec son trop affectueux propriétaire.

Au réveil, le singe marqua par de nouvelles acrobaties l'extrême degré de jubilation de retrouver son prisonnier près de lui. Peut-être avait-il rêvé qu'il l'avait quitté ou qu'on le lui avait volé ; et comme marque de son affection il prit le malheureux entre ses genoux et se mit à lui faire sa toilette, épluchant soigneusement sa tête, cheveu par cheveu, comme nous avons tous vu les singes se rendre réciproquement ce service dans les ménageries que nous avons visitées.

Pour se concilier les bonnes grâces de la bête, Marius simula la même opération à son égard, fourrageant du bout des doigts dans son épaisse fourrure, comme à la recherche de la vermine qui y avait établi son habitat.

Cette toilette matinale dura longtemps, au grand désespoir de Marius, qui eût préféré le moindre baquet d'eau. Cependant, l'heure du déjeuner était venue, et le singe retira de l'arbre-armoire des victuailles de la même nature que la veille, dont Marius dut se contenter ce matin-là, faute d'autres provisions.

L'on fit cependant ensuite un tour au verger, où l'on mangea quelques fruits fraîchement cueillis, et la journée se passa en promenades pendant lesquelles le singe, voyant que Marius n'essayait pas de fuir, lui laissa une liberté relative, certain de le rattraper en quelques bonds à la première tentative d'évasion. Le plus désagréable, pour notre ami, était de se sentir, de temps en temps, empoigné par la main vigoureuse du gorille qui le plaçait comme un paquet sous son bras, quand il s'agissait de faire quelque ascension. Mais comme, en somme, les procédés de la brute n'étaient pas trop inhumains, Marius, abusant de la supériorité de l'intelligence sur l'instinct, résolut de l'apprivoiser s'il ne parvenait pas à lui fausser compagnie ou à s'en débarrasser.

Il avait bien son petit revolver de poche, mais les balles étaient de si petit calibre et les charges si faibles, que c'eût été beaucoup risquer que d'en faire usage contre un être porteur d'une pareille ossature et couvert d'un tel cuir, que des balles

Le singe prit Marius entre ses genoux et lui fit sa toilette.

explosibles parviennent difficilement à tuer d'un seul coup. Il valait mieux user de ruse et de patience.

Pendant le jour, on parcourut en tous sens le labyrinthe tracé dans les arbres par le quadrumane; on visita le ruisseau où nous avons vu Ahmadou trouver les traces de son maître, et dans lequel Marius put procéder à des ablutions devenues bien nécessaires; on renouvela plusieurs fois la toilette du matin; puis, par-ci, par-là, le singe cueillait et partageait avec son compagnon des baies, des fruits, de petits melons noirs et de ces cucurbitacées dont nous avons déjà parlé.

On joua même; ce fut Marius le provocateur; il commença par lancer en l'air et rattraper un fruit en guise de ballon, jouant tout seul d'abord; le singe, imitateur de sa nature, en fit autant, et bientôt l'on échangea des coups de pelote; la gaieté devenait très grande, et le singe, des mieux doués, ne fut pas long à apprendre le jeu de paume; le soir venu, il pelotait déjà assez agréablement.

La coquetterie fut aussi mise à contribution, et Marius, qui avait son plan, s'étant orné la tête, la taille et le cou de couronnes, de ceintures et de colliers de verdure et de fleurs, le singe essayait de l'imiter; mais il avait besoin de l'aide du tentateur pour maintenir par des nœuds les guirlandes qu'il ne pouvait apprendre à attacher lui-même.

La nuit fut tranquille, et le singe ronfla comme une toupie d'Allemagne. Mais Marius ne put dormir malgré la fatigue, et l'employa à mûrir le plan qu'il avait conçu la veille.

La journée se passa comme la précédente; seulement Marius avait inventé un nouveau jeu; c'était de s'attacher aux doigts, aux poignets, aux chevilles, des bouts de ficelle coupés à un peloton dont il était toujours muni par précaution, et garnis des feuilles et des fleurs les plus brillantes qu'on pût trouver. Les ceintures, les couronnes et les colliers furent aussi plusieurs fois renouvelés, et quand ils rentrèrent le soir, ils étaient ornés de guirlandes et de pendillons fleuris, au milieu desquels ils s'endormirent.

Pendant la nuit la chaleur fut extrême, et dès le point du

jour le singe et l'homme, l'un portant l'autre, se réfugièrent sur une grosse branche pour y procéder à l'épluchure quotidienne.

L'opération était rendue un peu difficile par les ornements dont étaient affublés nos deux coquets, et Marius put assez facilement passer une liane flexible et solide, disposée en nœud coulant, autour du cou du singe en guise de nouveau collier. A lui-même il se disposa un ornement semblable pour mieux le tromper, et, se remettant à attacher des fleurs aux ficelles des doigts, il les embrouilla et les noua tant et si bien, que les extrémités se trouvèrent solidement liées ensemble avant que le singe s'en aperçût. Mais il commençait à marquer quelque agacement qui pouvait devenir dangereux; et comme le sol spongieux de la forêt était tapissé d'une mousse épaisse, Marius sauta de la branche, élevée d'environ cinq mètres, mouvement à l'instant imité par le singe.

Seulement le collier de Marius était fait d'une liane très longue, tandis que celle qui entourait le cou du singe était fort courte, de telle sorte que, si le premier arriva sans encombre sur le sol, le second resta pendu entre ciel et terre, et poussa, au moment où le nœud se resserrait, le cri strident et unique qui avait réveillé Ahmadou.

Marius quitta bien vite colliers et autres fanfreluches, pendant que le singe agonisait. Le pauvre diable ne souffrit pas longtemps; son poids lui avait sans doute rompu la colonne vertébrale, car il fit à peine quelques efforts pour se débarrasser des liens qui attachaient ses membres, et, après un dernier soubresaut, resta bientôt inerte, balancé dans le vide par la flexibilité des branches qu'agitait un vent assez fort ce jour-là.

Marius était libre!

Mais il n'était pas sauvé pour cela.

Qu'allait-il devenir, isolé, perdu, à peine armé dans cette immense forêt infestée de bêtes féroces contre lesquelles il n'avait été protégé que par la puissance redoutée de son ravisseur?

Se croyant abandonné, il ne pensa pas à faire de signaux. Sa première idée fut de fuir au plus vite le lieu de son horrible captivité pour sortir, s'il le pouvait, de la forêt avant que la nuit eût attiré les fauves de leurs repaires.

Fatale inspiration s'il en fut!

S'il se fût moins pressé, Ahmadou l'eût sans doute bientôt rejoint.

Mais, pendant la nuit, la force du vent s'accrut considérablement. Ce fut une vraie tornade accompagnée d'éclairs et de tonnerre; puis les nuages se répandirent en cataractes qui balayèrent tout sur le sol; et le vent enchevêtra si bien les branches et les lianes, qu'au point du jour, quand Ahmadou, courbaturé, trempé, transi, voulut reprendre ses recherches, la seule trace qui restât en ce lieu du passage de Marius était le grand cadavre du singe qui se balançait encore lourdement à sa potence.

Marius se livre au paisible passe-temps de la pêche à la ligne.

CHAPITRE XV

COMPLICATIONS

L'ouragan de la nuit avait donc effacé toute trace de la fuite de Marius.

Cependant, avec une extrême patience, Ahmadou fouilla les alentours, où il ne tarda pas à découvrir la cabane où se voyait encore, sur la litière de feuilles mortes, l'empreinte d'un gros corps à côté d'un plus petit; des marques de pas laissées par un pied chaussé étaient aussi bien visibles sur le sol, où gisait la boîte à sardines dont Marius avait partagé le contenu avec le singe.

Ahmadou découvrit dans le verger des épluchures de fruits enlevées au couteau. Les guirlandes de feuillage et de fleurs dont Marius s'était affublé pour leurrer le gorille furent de nouvelles preuves de son séjour en ces lieux; et sa ruse, facilement devinée, amusa bien le fidèle serviteur.

Mais de la direction qu'avait prise son maître en partant, nul indice.

Il lui parut toutefois naturel que Marius eût repris la route qu'il connaissait pour l'avoir déjà parcourue, et comme elle devait forcément passer au carrefour où nous avons vu le nègre si embarrassé, il jugea rationnel de s'y rendre pour y retrouver la piste perdue.

Après avoir complété ses provisions au garde-manger du singe, il se remit en route; mais il était, cette fois, obligé de marcher à terre, à cause de l'enchevêtrement des branches qui formaient auparavant la voûte du sentier couvert détruit par l'orage.

Le sol de la forêt était encore tout détrempé, et la marche fort pénible; Ahmadou n'avançait que lentement, ayant beaucoup de peine à retrouver d'en bas, dans le fouillis inextricable des arbres, la direction exacte du sentier dont les méandres étaient nombreux.

Sans bien se rendre compte de ce qu'il éprouvait, Ahmadou sentait depuis quelque temps aux pieds et au bas des jambes des piqûres assez vives; mais, préoccupé qu'il était de retrouver la route dans les arbres, il n'y prit d'abord pas garde.

L'une d'elles ayant cependant été plus intense, il y porta machinalement la main, qu'il retira tachée de sang. Ses yeux s'étant alors abaissés vers ses extrémités inférieures, il les vit couvertes de petites sangsues qui pullulaient à terre.

Ce phénomène, assez fréquent dans les forêts humides de son pays natal, ne lui était pas inconnu.

Les annélides endormis, pendant la saison sèche, sous les mousses qui conservent au sol une certaine humidité, ou même dans la terre spongieuse, se raniment et deviennent terriblement voraces, quand la fraîcheur de la pluie est venue leur rendre les instincts sanguinaires. Ils remontent alors à la surface, et malheur aux hommes ou aux animaux qui se trouvent exposés à leurs attaques!

Ahmadou servait donc de pâture aux sangsues!

Il savait heureusement le moyen de se soustraire à leurs terribles petites ventouses, et se réfugia le plus haut qu'il put atteindre, sur une branche assez forte pour supporter son poids; et là même il n'était pas complètement à l'abri, car elles s'étaient répandues sur les arbres comme sur le sol.

Leur nombre devenait, il est vrai, plus rare à mesure qu'on montait, et pour s'en préserver tout à fait, Ahmadou enleva tout autour de sa branche deux plaques circulaires d'écorce, et se plaça entre les espaces ainsi dénudés. Les sangsues ne peuvent, il le savait, traverser les places fraîchement dépouillées d'écorce sur certains arbres dont le suc laiteux est corrosif, ou dont la résine agglutinante est pour elles, comme pour nombre d'insectes, une barrière infranchissable.

Après s'être débarrassé des gênants parasites et s'être reposé quelques instants sur sa plaque d'écorce isolée, le nègre reprit sa route, comme quand il poursuivait le singe, dans les plus hautes branches, d'où il suivit la direction du sentier détruit.

De temps à autre, il lui fallait faire halte pour enlever les sangsues nouvellement attachées à ses jambes nues; le nombre de celles qui avaient atteint si haut était heureusement restreint, et vers midi il arrivait au rond-point qu'il eut un peu de peine à reconnaître au milieu du chavirement général de la nature, quoique les ravages de la tempête diminuassent d'intensité à mesure qu'il s'éloignait de la hutte du singe, qui paraissait avoir été le centre du cyclone.

Comme les rayons solaires pénétrant à travers la ramure avaient suffi pour sécher les arbres, les annélides avaient peu à peu regagné le sol humide, et c'est à peine s'il en restait maintenant quelques-uns par-ci par-là dans les lieux les plus sombres, et partant les moins secs.

Ahmadou, après avoir réparé ses forces par la nourriture et le repos, se remit en quête, et ses efforts furent bientôt couronnés d'un plein succès.

Comme lui, Marius, avant de partir, avait mis à contribution les provisions et le verger du gorille; et Ahmadou venait de trouver les reliefs de son repas épars sur le tapis de lianes et de branchages entrelacés qui formaient le tablier du pont naturel. C'étaient des écorces, des épluchures et des noyaux de fruits.

Il était donc sur la bonne voie.

Un seul couloir paraissait conduire hors de la forêt; c'était celui par lequel Marius y avait été apporté, et qu'il avait déjà suivi lui-même en poursuivant le ravisseur.

Il le prit donc sans hésiter, et aperçut bientôt à quelques pas devant lui un petit point blanc qui tranchait sur le vert sombre du feuillage, et n'était autre que le bout d'une cigarette que Marius avait fumée après son repas.

Sûr de sa direction, Ahmadou accéléra tant qu'il put sa marche; mais il rencontrait à chaque instant des obstacles amoncelés par la bourrasque, et le soir approchait quand il arriva à la clairière au milieu de laquelle brillait encore, aux premiers rayons de la lune, le squelette blanchi de la girafe.

Les marques du bivouac de Marius étaient bien visibles à l'entrée de la clairière; il avait même allumé du feu, et les restes de son repas montraient qu'il avait fait cuire sous la cendre des racines d'arum, plante commune dans les bas-fonds humides, et qui fournit aussi un substantiel aliment à notre brave nègre.

Après son repas, Marius avait dû se réfugier dans les arbres pour la nuit; il y avait certainement été surpris par le coup de vent.

Comme lui, Ahmadou y prit quelques heures de sommeil.

Le sentier s'arrêtait à la clairière; sur la terre détrempée, Ahmadou trouva au point du jour des traces de pas qui continuaient à se diriger vers la sortie du bois; mais elles cessaient brusquement sur un tapis de mousses épaisses qui, après avoir été déprimées par le poids du corps de Marius, s'étaient insensiblement redressées sans en garder la moindre empreinte.

C'était une nouvelle difficulté pour le chercheur de pistes, car de là rayonnaient une foule d'étroites sentes tracées par les animaux sauvages, lesquelles pouvaient aussi bien ramener dans l'intérieur de la forêt que conduire au dehors.

Il commençait à désespérer, quand son attention fut attirée par de petites raies de sang éparses sur la mousse. Sans bien se rendre compte tout d'abord de ce que ce pouvait être, il ne négligea pas cet indice, se mit à en rechercher la cause, et découvrit que chacune de ces petites lignes rouges aboutissait à un annélide rond et replet, gorgé de sang, et à peine enfoncé dans la mousse.

Ce pouvait aussi bien être là le sang de Marius que ses fortes chaussures n'avaient pu entièrement soustraire aux attaques de cette innombrable armée, que celui d'un animal quelconque.

Bientôt le doute ne fut plus possible; le pied de Marius apparaissait nettement imprimé dans une légère couche de limon nouvellement apportée par les eaux dans une petite dépression de terrain, et sa direction marquait bien à Ahmadou qu'il était sur la bonne voie.

Moins d'une heure après, en effet, il arrivait au ruisseau que nous avons vu Marius longer sur son chameau à la poursuite de la girafe; les traces qu'il y avait laissées formaient cette fois une piste ininterrompue qui mena bientôt Ahmadou hors de la forêt.

Elles continuaient ensuite le long du cours d'eau, à travers la savane, et conduisirent le noir au reste d'un grand feu près duquel se voyaient des détritus de racines et de fruits.

Il était déjà tard, et Ahmadou campa au même endroit, après avoir, lui aussi, pris la précaution d'allumer un immense brasier et de faire une copieuse provision de bois pour l'entretenir jusqu'au matin. Le combustible ne manquait pas, charrié, par le ruisseau, de l'intérieur du bois, et abondamment échoué sur ses rives.

Ce fut une sage précaution, car, toute la nuit, des cris et des hurlements inquiétants ne cessèrent pas de se faire entendre, et de sombres silhouettes rôdèrent aux alentours du feu.

Ahmadou fut sur le qui-vive et ne put reposer un instant jusqu'au lever du soleil.

Le jour arriva cependant sans qu'il eût été l'objet d'aucune attaque. Dans ces contrées où le gibier abonde, pourquoi les bêtes fauves eussent-elles fait violence à l'insurmontable frayeur que leur inspire la clarté d'un brasier?

Le dangereux voisinage disparut, et Ahmadou reprit la piste de Marius le long du cours d'eau, à travers l'immense savane.

Il marchait ainsi depuis quelque temps, d'un pas allongé et rapide, les yeux fixés sur le sol, quand il remarqua avec joie sur la plage sablonneuse une grande quantité de monticules très rapprochés les uns des autres. Il en connaissait bien la cause; chacune de ces tumescences recouvrait plusieurs œufs de ces petites tortues aquatiques qui pullulent dans certains cours d'eau africains.

C'était une bonne aubaine.

La ponte était heureusement assez récente, et il absorba sur place et tout crus une vingtaine de ces œufs, gros comme ceux d'un pigeon, sans montrer de répugnance pour ceux qui n'étaient pas de première fraîcheur. Puis il en fit provision dans un couffin grossier qu'il tressa en quelques instants avec des joncs qui poussaient sur le bord de l'eau; ce devait être un appréciable surcroît de provisions surtout quand il aurait rejoint son maître, qui faisait probablement bien piètre chère depuis son départ pour la chasse à la girafe.

Tortues de terre et tortues aquatiques abondaient aux environs; mais il ne se donna pas la peine d'en ramasser, certain d'en trouver partout.

Il y avait plusieurs heures qu'il cheminait ainsi, quand il lui sembla voir au loin, dans la direction qu'il suivait, une légère fumée vaguement estompée sur le ciel.

Ce lui fut un actif stimulant, et il prit ce pas relevé qui a beaucoup d'analogie avec le pas gymnastique adopté dans nos armées, et qui permet aux indigènes de parcourir sans trop de fatigue des espaces considérables entre le lever et le coucher du soleil.

A mesure qu'il avançait, la colonne de fumée devenait de plus en plus distincte; mais quand il arriva au foyer, il ne trouva que quelques tisons brûlant encore sous la cendre du feu que Marius avait quitté le matin.

Il y avait fait un véritable festin par rapport aux maigres repas des jours précédents, car parmi les détritus végétaux habituels se voyaient, avec des os rongés, une écaille de tortue près de la dépouille d'un jeune faon de gazelle nouveau-né, que son agilité lui avait permis d'attraper à la course, à moins qu'il n'eût pu le surprendre et le tuer d'un coup de son petit revolver de poche.

La distance se rapprochait donc sensiblement, et Ahmadou pouvait espérer rejoindre son maître dans la journée du lendemain ou au plus tard du surlendemain.

Il ne prit qu'un très court repos, fit griller une tortue pendant que des œufs et des racines cuisaient sous la cendre, et marcha jusqu'au soir, où il campa dans un énorme baobab isolé, au pied duquel il alluma un grand feu, autant pour signaler sa présence que pour se préserver des fauves.

Solidement accoré entre de fortes branches, il dormit, cette nuit-là, à poings fermés, malgré les rugissements et les miaulements lointains des grands félins; et quelques heures d'un profond sommeil lui rendirent une nouvelle vigueur pour braver les fatigues du lendemain.

Le soleil était au point culminant de sa course, quand il arriva au campement de nuit de Marius ; il avait donc encore gagné deux heures sur lui, mais il ne fallait pas songer à l'atteindre ce jour-là.

Toutefois il prit à peine quelques instants d'un indispensable repos, mangeant tout en marchant, et ne se décida que le plus tard possible à camper.

Ce fut encore dans un de ces géants isolés de l'Afrique équatoriale qu'il alla chercher un refuge, et il ne s'endormit qu'après avoir, comme d'habitude, allumé un grand feu dans l'espoir d'appeler l'attention de Marius.

Pendant qu'à cheval sur une maîtresse branche, il avalait quelques œufs de chéloniens, et grignotait un reste de tortue, il aperçut une colonne de fumée bien distincte, et même, par instants, une assez vive clarté à peine éloignées de lui, cette fois, de quelques kilomètres.

Malheureusement la campagne était infestée de fauves qui l'empêchèrent, jusqu'au matin, de quitter son arbre tutélaire; et quand, après deux heures de marche seulement, il arriva au feu de Marius, celui-ci l'avait déjà abandonné.

Lui aussi avait passé la nuit dans un de ces baobabs qui se rencontraient maintenant plus fréquemment dans la plaine, dont ils interrompaient l'attristante monotonie, offrant un salutaire abri au voyageur contre les ardeurs d'un soleil de plomb.

Marius ne pouvait plus être bien loin, car on voyait à l'irrégularité, au peu de netteté de sa marche, que son allure était molle, découragée, et qu'il n'avançait plus qu'avec lassitude.

Ahmadou, au contraire, animé par l'envie d'arriver et la perspective de retrouver bientôt son maître bien-aimé, avait repris son pas élastique, et l'espoir de le rejoindre dans la matinée l'empêchait de sentir la fatigue.

Il franchit allègrement de la sorte une petite colline dont la croupe, sur le versant opposé, offrait, à la place de l'interminable et monotone savane, l'agréable et riant panorama d'une vaste nappe d'eau, bordée de bosquets, vers laquelle courait, en sautillant, le ruisseau que tous deux suivaient depuis trois jours.

Du point culminant qu'avait atteint Ahmadou jusqu'au bord de l'eau, à cinq ou six kilomètres, la vue, libre de tout obstacle, à peine arrêtée en certains endroits par des broussailles, s'étendait entre deux hauts rideaux d'arbres, formant une de ces perspectives tant cherchées et si rarement trouvées dans les parcs anglais, dont, il faut bien le dire, on abuse singulièrement aujourd'hui.

Comme l'ascension qu'il venait de faire l'avait légèrement essoufflé, Ahmadou s'assit un instant pour reprendre haleine, et, de la pointe arrondie de rocher qui lui servait de siège, se mit à fouiller de l'œil les moindres détails du paysage animé qui se déroulait à ses pieds.

Tantôt il s'amusait à suivre les évolutions rapides d'un troupeau d'antilopes effarouchées par une cause inconnue ; tantôt de grosses masses ambulantes, rhinocéros ou éléphants, attiraient ses regards.

Puis c'était une harde de sangliers s'enfuyant affolés d'un taillis, poursuivis par quelque léopard.

Des bandes d'oiseaux aquatiques traçaient dans leur vol des figures géométriques sur le fond bleu du ciel, et les cous allongés de nombreux échassiers, aux pattes pendantes, fendaient l'air comme des flèches.

Bien reposé, il allait reprendre sa marche quand son attention fut appelée par deux points noirs avançant de conserve sur le miroir uni du lac. La distance était grande ; ce pouvaient aussi bien être deux barques que les larges échines de deux hippopotames.

Tous deux se dirigeaient, sans paraître se presser, vers une anse formée par un promontoire allongé et garni de verdure qui la séparait d'une petite crique, au bord de laquelle un autre point noir progressait lentement, tranchant sur le blanc brillant de sable mouillé reflétant les rayons ardents du soleil.

Sa forme, toute en hauteur, paraissait appartenir à une créature humaine.

Et cet homme était sans doute Marius !

D'un rapide élan, Ahmadou prit sa course, dévalant la côte de toute sa vitesse, bondissant, franchissant les obstacles ; il fit certainement la moitié du chemin en moins d'un quart d'heure.

Mais comme, à mesure qu'il avançait, il s'abaissait vers le niveau du lac, le champ de sa vue diminuait de rayon ; et la projection verticale des buissons, accroissant de hauteur, ne tarda pas à lui cacher celui vers lequel il courait.

En outre, le terrain devenait marécageux et rendait la marche difficile, quelquefois même dangereuse.

Puis, dans sa course, il avait perdu la piste, et d'épais massifs de bambous et de grands roseaux l'obligeaient à de fréquents détours et lui masquaient la vue.

N'étant plus sûr de sa route, il pensa alors à chercher un observatoire pour rectifier sa direction.

Les arbres élevés ne manquaient pas.

Avec l'agilité que lui avait acquise dès l'enfance l'habitude d'escalader les palmiers pour y récolter leurs fruits nourrissants, il atteignit bientôt les palmes d'un haut cocotier, formant un belvédère naturel commode pour scruter les alentours.

De là se voyaient nettement le lac et ses bords découpés, et il ne tarda pas à apercevoir de nouveau celui qu'il pensait avec raison devoir être Marius.

C'était effectivement notre ami qui venait d'atteindre les bords du lac.

Assis sur le tronc d'un arbre échoué à l'extrémité du promontoire dont nous avons parlé, il cherchait son repas du soir dans les eaux du lac, en se livrant au paisible passe-temps de la pêche à la ligne ; il n'avait pas eu de peine à fabriquer l'engin nécessaire, les roseaux du bord lui ayant fourni d'excellentes cannes, et son inséparable nécessaire de voyage contenant des hameçons et de forte et mince ficelle parmi les ustensiles variés d'un touriste.

Ahmadou releva bien la direction à suivre, choisit ses amers et allait descendre, quand un autre spectacle s'offrit à sa vue.

De l'autre côté du promontoire, deux pirogues, sans doute les points noirs flottants sur la nature desquels la trop grande distance l'avait empêché de se former une opinion, se livraient aussi à l'exercice de la pêche.

Seulement, au lieu de simples lignes, leurs équipages faisaient usage d'un filet semblable à celui que les riverains de nos cours d'eau appellent épervier, et qu'ils lancent après lui avoir imprimé un mouvement de rotation, de manière à le faire se développer en une nappe circulaire dont le pourtour, garni de plombs, se referme par son propre poids en rencontrant la résistance de l'eau, et saisit le poisson comme une vaste main.

Il y avait là un danger pour Marius ; Ahmadou dégringola de son arbre et reprit sa course.

Quelques minutes après il débouchait sur la plage, où Marius continuait sa pacifique occupation.

Le malheureux Marius, entraîné, disparut sous l'eau.

Il n'osait lancer un cri d'appel, de peur d'attirer l'attention des autres pêcheurs, et faisait en courant maints signaux qui restèrent inaperçus de Marius, absorbé dans la contemplation de son flotteur.

Soudain une sorte de voile sombre s'interposa entre le ciel et Marius, plana un instant sur sa tête et s'abattit sur ses épaules ; un grand cri traversa l'air, et le malheureux, entraîné, roulé, disparut sous l'eau.

L'accident qui venait de lui arriver était facile à comprendre.

Il avait été vu des indigènes, et l'un des noirs mariniers, s'étant avancé à pas de loup, avait lancé son terrible engin, dans les replis duquel Marius se débattait en vain.

Et maintenant, attelés au filet, ils entraînaient leur capture vers les barques, au risque de la noyer pendant le trajet.

A cette horrible vue, Ahmadou s'était laissé tomber sur le sol et avait subitement disparu dans les hautes herbes ; et, rampant comme un serpent à quelques mètres du lieu de sa chute, il avait gagné un bouquet de roseaux d'où il pouvait suivre invisible les diverses péripéties de cette scène émouvante.

En quelques bonds les indigènes avaient regagné leurs pirogues, et les deux équipages retiraient de l'eau Marius aux trois quarts asphyxié dans le filet.

Ils embarquèrent le tout pêle-mêle et s'empressèrent de gagner le large à force de rames, inspectant craintivement le rivage, dans la crainte d'y voir apparaître les compagnons probables de leur prisonnier.

Pendant leur retraite, Ahmadou eut la triste consolation de constater que son maître n'était pas mort, car il le voyait se débattre, faiblement il est vrai, dans le filet qui l'enveloppait de ses replis.

Certes, au moment où les pirogues commençaient à fuir, Ahmadou eût pu faire usage de son arme ; mais ce n'était qu'un fusil à baguette ; et quand il aurait démonté l'un des rameurs, avant qu'il eût pu recharger, les trois autres auraient le temps de s'emparer de lui, en qui seul résidait maintenant le dernier espoir de délivrer Marius.

Il ne bougea donc pas ; et ce n'est que quand les pirogues furent hors de vue qu'il se décida à quitter son poste d'observation.

On lui montra qu'à la première tentative d'évasion il aurait la tête tranchée.

CHAPITRE XVI

AU LAC TCHAD

Entre le 12ᵉ et le 15ᵉ degré de latitude N., le 11ᵉ et le 13ᵉ de longitude E., le territoire africain présente une vaste dépression triangulaire, dans laquelle les pluies tropicales se déversent par de nombreux torrents.

Un vrai fleuve, le *Charri*, dans le Sud et plusieurs moindres ruisseaux innomés y renouvellent sans cesse l'eau, que pompe constamment un soleil torride qui, sans leur apport, ne tarderait pas à l'évaporer.

C'est le lac *Tchad*.

Il a jadis été le centre d'une importante civilisation, car des ruines d'établissements chrétiens se trouvent encore sur ses bords, avec des monnaies de cuivre qui prouvent que le pays a été occupé par des légions romaines, probablement celles que conduisait Julius Maternus à la conquête des mines d'or signalées par les indigènes.

Dans la saison pluvieuse, son niveau s'élève jusqu'au pied des collines qui l'entourent; alors ses contours sont nettement dessinés.

Au contraire, la faible inclinaison de ses berges amène un rapide retrait des eaux pendant la saison sèche; et quand elles sont basses, il est bordé de vastes marécages où se vautrent quantité de voraces et gigantesques sauriens au milieu de nombreux troupeaux d'hippopotames, de buffles et de sangliers.

En tout temps, dans les taillis qui bordent ses grèves, le léopard et la panthère guettent les timides antilopes, les sangliers et les jeunes buffles, tandis que le solitaire et grincheux rhinocéros témoigne, en pâturant, par son grognement perpétuel, son inaltérable mauvaise humeur.

Enfin, de grands colosses, tantôt isolés, tantôt par troupes, de gigantesques éléphants sortent le matin des forêts pour chercher une succulente et inépuisable provende aux bords du lac, dans les eaux duquel ils prennent de gais ébats, s'arrosant mutuellement du jet puissant de leurs énormes trompes. Le soir, ils se retirent dans leurs sombres retraites, heureux s'ils n'ont pas à déplorer l'attaque sournoise du colérique et terrible solitaire jaloux de leur gaîté.

Echassiers et palmipèdes de toutes tailles et d'espèces les plus variées pullulent sur la plage et à la surface du lac; ses eaux grouillent de nombreuses espèces de poissons, dont quelques-unes atteignent de très grandes dimensions.

Au milieu du lac existe un archipel qui sert de repaire à des tribus de nègres pillards, vrais pirates, terreur des peuplades riveraines; vivant principalement de chasse, de pêche et de déprédation, elles ne connaissent d'autres moyens que le vol et le pillage pour se procurer certains produits manufacturés, tels qu'armes et ustensiles de ménage, et n'épargnent pas non plus les troupeaux de leurs voisins de terre ferme.

Ils ne sont cependant pas sans industrie, et construisent des embarcations très soignées, — cultivent un peu de maïs et de sorgho, — élèvent quelques chèvres, — et troquent du poisson sec, du cuir d'hippopotame, de l'ivoire et du carbonate de soude contre les objets que n'ont pu leur procurer leurs brigandages

Les hommes ne sont pas plus que les choses à l'abri de leurs déprédations, et ils emmènent en esclavage les paisibles cultivateurs et les bergers qu'ils peuvent surprendre dans leurs incursions sur le continent.

Empressons-nous d'ajouter à leur louange que, chez eux, l'esclavage est particulièrement doux, les esclaves participant à la vie de leurs maîtres, faisant pour ainsi dire partie de la famille, dans l'acception la plus large du mot.

Les principales occupations des esclaves sont de ramer dans les embarcations, de surveiller le séchage du poisson et des peaux, de cultiver de petits coins de terre, et de récolter le natron.

C'est entre les mains de quatre de ces insulaires qu'était tombé Marius.

Comme nous l'avons vu, aussitôt après sa capture, les pêcheurs s'étaient hâtés de gagner le large, et ce n'est que bien assurés de n'être pas poursuivis qu'ils songèrent à s'occuper de lui.

Le malheureux commençait à râler, étouffé dans le rets fortement serré autour de son corps.

On eut quelque peine à le dépêtrer du filet.

Il n'avait cependant d'autre mal que la congestion causée par son immersion et continuée par la pression de l'engin.

Elle n'était heureusement pas arrivée à un degré qui pût causer d'inquiétudes; et, après qu'il eut été dépouillé de ses vêtements humides, quelques rudes frictions ne tardèrent pas à rappeler la respiration et à rétablir la circulation.

Marius reprit donc rapidement ses sens.

Mais il n'en fut pas de même de ses forces: il était tellement brisé et anéanti qu'il ne songea même pas à une résistance impossible.

Le meilleur parti à prendre était celui de la patience.

C'était d'ailleurs une situation plus sortable déjà, que d'être prisonnier d'êtres humains, quelque bas placés qu'ils fussent dans l'échelle sociale, au lieu de servir de jouet à un singe!

Et, lassé de l'existence précaire qu'il menait depuis quelques jours, ce fut presque un soulagement qu'il éprouva de se trouver en compagnie de créatures de son espèce, sinon de sa race.

Le voyant ranimé, l'un des noirs, celui qui paraissait le plus âgé, lui adressa quelques paroles qui furent absolument inintelligibles pour lui. Il exprima par gestes qu'il n'en comprenait pas un mot; et voyant ses vêtements étendus à l'avant, et déjà à moitié séchés par un soleil ardent qui lui grillait la peau, il reprit, sans éprouver d'ailleurs la moindre opposition, son pantalon, sa chemise et son fez, qu'il revêtit.

Mais il n'en fut pas de même quand il voulut rentrer en possession de sa veste, de sa ceinture et de son sac; on lui fit comprendre par gestes éloquents qu'il eût à se contenter des vêtements de première nécessité qu'il venait de reconquérir; il n'avait heureusement pas été dépouillé de sa chaussure, ce qui, pour lui, eût été la plus grande privation.

La route avait été reprise et l'on aborda à un îlot où quelques femmes et des enfants accueillirent la venue des pêcheurs et de leur prisonnier avec de grands cris de joie.

On conduisit Marius à une grande case couverte en cuir, devant laquelle étaient assises deux femmes, dont la plus âgée pilait dans un mortier des grains de maïs grillé, pendant que l'autre allaitait un marmot; une bande de petits négrillons s'ébattait aux alentours, dans le plus primitif des costumes, tandis que deux jeunes négresses et de grands garçons rentraient, en prévision de la nuit, les poissons à demi secs pendant en longs cordons le long de l'habitation.

Les pêcheurs furent accueillis avec de grandes démonstrations de joie, et la vue du prisonnier excita le ravissement des femmes. Mais elle produisit aux enfants l'effet d'une espèce de croquemitaine comme l'arrivée fortuite d'un nègre sur les sauvages petits paysans d'une ferme isolée, du fond de nos campagnes.

Les plus petits se mirent à brailler, cherchant un refuge dans le giron maternel, tandis que les aînés, le contemplant d'un air ahuri, paraissaient chercher du doigt au plus profond de leurs narines l'explication d'un pareil phénomène.

Les jambes du malheureux Marius ne le soutenaient qu'avec peine, épuisé qu'il était d'émotions, de fatigue et de faim.

Avec une feinte indifférence, il s'allongea sur le sol pour reposer un instant ses membres endoloris.

Loin de le trouver mauvais, l'un des nègres éloigna la bande glapissante des mioches qui tournoyait autour de lui, sans oser approcher de trop près.

Marius reposait depuis quelque temps, absorbé dans ses tristes pensées, quand il se sentit toucher l'épaule.

C'était un des noirs qui l'invitait à prendre place autour d'un plateau sur lequel fumait une pâtée entourée de poissons grillés, dont la vue réjouit son estomac affamé.

Il accepta sans cérémonie l'invitation, et bientôt, accroupi entre ses copropriétaires et les plus grands garçonnets, il suivit leur exemple et dévora un poisson grillé accompagné de boulettes du couscoussou qui emplissait le plateau.

Le mets n'avait du reste rien de repoussant.

Comme boisson, l'on fit circuler une jarre de lait aigre où chacun but à même, et dont Marius n'hésita pas à prendre sa part.

Puis, les hommes se mirent à fumer une pipe dont le fourneau, fait d'une grossière terre cuite, était emmanché d'un mince bambou, et, assis l'un en face de l'autre, ils commencèrent à causer avec animation, sans perdre de vue leur prisonnier.

C'était de lui qu'ils s'entretenaient, prévoyant les moyens de s'opposer à sa fuite s'il tentait de s'évader.

Marius ne songeait cependant pas à leur fausser compagnie; s'il eût même disposé de toutes ses facultés physiques, c'eût été folie que de songer à s'échapper dans la situation où il se trouvait, presque nu, sans armes, et n'ayant aucune connaissance du pays ni de ses habitants.

Plus tard il aviserait.

Mais, pour le moment, le besoin de repos s'imposait avant tout, et, profitant de l'apparente liberté qui lui était laissée, il reprit sur le sol sa position horizontale.

Ses esprits commençaient à errer dans le vague et ses yeux

à se fermer, quand il fut une seconde fois réveillé par l'un des noirs.

Leur délibération était finie; elle eut pour conséquences que Marius, conduit dans la hutte, se vit garrotter pieds et mains; après quoi, on le déposa dans un coin où l'on avait eu l'attention de placer un vieux tapis, dans lequel il se roula.

Ses liens n'étaient d'ailleurs pas serrés de façon à le blesser, ni même à lui enlever toute liberté de mouvements; mais la ligature était si habilement faite qu'il lui eût été impossible de s'en débarrasser.

La case était divisée en plusieurs compartiments; les deux noirs disparurent derrière des cloisons de cuir tendu, avec leurs épouses et leurs plus jeunes enfants; les autres s'accotèrent sur des nattes dans la salle commune où était Marius, et, malgré l'inquiétude et le souci qui le rongeaient, malgré les liens qui lui rendaient toute position pénible, vaincu par l'excès de fatigue, il s'endormit profondément jusqu'au lendemain matin.

A peine éveillés, le premier soin des noirs fut de visiter leur prisonnier, de lui rendre la liberté des membres supérieurs et de relâcher les entraves des jambes.

Les femmes servirent une sorte de galette dont Marius eut sa part.

Le repas fut suivi d'un long discours accompagné de gestes si éloquents et si bien mimés que notre pauvre ami comprit qu'il était question des liens dont il avait été chargé pendant la nuit, et crut deviner qu'on lui offrait de l'en débarrasser s'il n'essayait pas de s'échapper.

Employant, lui aussi, le langage des gestes, sur lequel il était très fort, en sa qualité de Méridional, et qu'il ne put s'empêcher d'accompagner d'un pur provençal aussi peu compréhensible pour les noirs que leur langage l'était pour lui, il s'efforça de leur faire comprendre que la fuite ne lui était pas possible, qu'il se soumettait, et qu'il était inutile de l'attacher.

Il réussit sans doute à les convaincre, car on lui enleva toute entrave, en lui montrant, par un geste significatif et l'exhibition d'un large coutelas, qu'à la première tentative d'évasion, il aurait la tête tranchée.

Et ni ce soir-là ni les suivants, on ne lui attacha les membres Rassurés sans doute par les difficultés d'une évasion pour un homme privé de tout moyen de pourvoir à sa subsistance ou de se défendre contre les fauves, on se contenta de faire coucher les plus grands garçons en travers de la porte qui fermait pendant la nuit la seule issue qu'eût l'habitation, dont les épaisses murailles de terre durcie n'eussent pu être percées, ni le toit de fort cuir éventré, sans éveiller toute la smala.

Peu à peu, dans la suite, on se relâcha de cette surveillance, en voyant que Marius paraissait avoir accepté assez philosophiquement sa nouvelle condition.

Les embarcations, trop lourdes à bouger pour un seul homme, étaient tirées chaque soir sur la plage, et la possibilité de reconquérir sa liberté par ses propres moyens paraissait chaque jour de plus en plus problématique à notre malheureux ami.

Il ne désespérait cependant pas, se tenant constamment prêt à tout événement, dans la pensée que, dans un avenir pas trop éloigné, il serait rendu à la liberté à la faveur de quelque expédition qui ne pourrait manquer d'être tentée dans ces parages vers lesquels tant d'esprits sont aujourd'hui tendus.

Le lendemain de sa capture, Marius avait donc été délivré des liens dont on l'avait chargé la veille.

Mais il était visiblement si faible encore et si endolori que ses maîtres renoncèrent à lui demander aucun service ce jour-là, et ils restèrent à la maison, adonnés à un doux farniente, fumant force pipes et buvant une espèce de bière provenant de la fermentation du maïs.

Marius put voir que la famille dans laquelle il avait été si violemment introduit était fort unie, malgré ses idées toutes particulières sur la liberté d'autrui.

Après deux jours de repos, Marius dut accompagner ses ravisseurs à la pêche.

Une pagaye lui ayant été mise entre les mains, il commença un dur apprentissage et dut les remplacer à tour de rôle, tandis que l'un d'eux, assis à l'arrière, gouvernait la pirogue.

Ayant autrefois beaucoup canoté, Marius savait manier l'aviron; mais la manœuvre de la pagaye, sans point d'appui contre le plat-bord, était autrement difficile, et il y montra d'abord une grande maladresse qui, loin de fâcher ceux qui s'étaient, de leur autorité privée, constitués ses maîtres, parut les beaucoup amuser.

Peu à peu cependant, il se fit à ce nouvel exercice, et ne tarda pas à y acquérir une certaine habileté.

D'un autre côté, la pêche ne manquait pas d'attraits pour lui; c'était un passe-temps qu'il aimait beaucoup autrefois, alors qu'il ne la pratiquait que comme un délassement.

Son bon caractère ne la lui fit pas trouver moins attrayante maintenant qu'il s'y voyait condamné pour un temps indéterminé, et il apprit même à lancer l'épervier avec assez d'adresse.

Il participa à quelques chasses à l'hippopotame, que les indigènes attaquent à coups de harpons et de flèches; la graisse fondue de ces animaux, leur chair coupée en minces lanières, séchée au soleil, fumée ou salée, entraient, comme chez nous le porc, pour une grande part dans la nourriture des indigènes.

Marius apprit aussi à en préparer les cuirs, à leur donner un apprêt qui leur conservait la souplesse. Il ouvrit et fit sécher des poissons.

Aux femmes et aux jeunes gens étaient réservées la culture d'un petit jardin et la récolte du natron.

Marius avait une certaine facilité naturelle pour l'assimilation des langues. Il apprit rapidement les mots les plus usuels du langage des insulaires, et en arriva bientôt à pouvoir participer, au moins comme auditeur, à leur conversation.

Dans le coin de la hutte qui lui avait été abandonné, il avait arrangé, avec des nattes, qu'il s'était tressées et de vieux tapis qu'on lui avait abandonnés, une couchette assez sortable.

Sa nourriture était saine et abondante, quoique pas toujours conforme à son goût.

Il n'avait pas à se plaindre des procédés de ses maîtres; les enfants s'étaient habitués à sa présence; quelques-uns même s'étaient pris d'affection pour lui; il participait à la vie commune et était suffisamment à l'abri des intempéries.

En somme, la vie matérielle eût été supportable, sans la privation de la liberté.

Mais c'est un bien précieux qui ne peut être estimé à sa juste valeur que par ceux qui en sont privés.

Le père vint à lui les bras ouverts.

CHAPITRE XVII

RETOUR D'AHMADOU A GHRAT

Retournons à Ahmadou, que nous avons laissé couché dans un massif de roseaux, navré de son impuissance, suivant de l'œil les barques qui enlevaient son maître bien-aimé.

Quand elles s'arrêtèrent, son œil perçant lui permit de constater les soins qui lui étaient donnés; son angoisse fut extrême jusqu'au moment où il le vit faire les premiers mouvements et enfin se lever.

Il assista de sa cachette à la toilette sommaire de Marius Mercurin, et quand les barques se remirent en marche, il prit avec soin des amers bien visibles, les releva scrupuleusement dans sa mémoire, sachant bien qu'après leur importante capture, et vu l'heure déjà avancée du jour, les pirates se rendraient directement à l'île qui leur servait de refuge.

Bientôt il perdit de vue les embarcations; mais elles avaient marché en ligne droite vers un îlot qui s'estompait en une teinte sombre sur le gris bleuté de l'eau, et facile à reconnaître à un bouquet de palmiers qui s'élevait à l'une de ses extrémités.

A mesure que les barques s'éloignaient, Ahmadou avait repris la position verticale, et longtemps après qu'elles avaient disparu, il regardait encore l'îlot qui devait être le but des ravisseurs.

Ayant passé sa jeunesse sur les bords sud du lac, il connaissait parfaitement les mœurs des insulaires qui inspirent une si grande terreur aux riverains.

Il n'avait donc pas d'inquiétudes immédiates; il savait que Marius serait réduit à un esclavage assez doux pour un indigène; mais il n'ignorait pas non plus que, malgré l'énergie qu'il lui connaissait, le sort qui lui était réservé serait pour lui bien plus affreux que pour aucun des noirs habitants des rives du lac à qui le même malheur serait arrivé.

Il ne pouvait songer, isolé comme il l'était, à venir immédiatement à son secours, et réfléchissait encore au parti à prendre, quand il fut surpris par les premières ombres du crépuscule, qui est fort court par ces latitudes tropicales.

Le petit promontoire qui avait été le théâtre du drame que nous avons raconté rejoignait la colline que le bon noir avait descendue si rapidement, laquelle était, nous le savons, parsemée de nombreux arbres élevés.

Il atteignit bientôt l'un d'eux, l'escalada et y continua toute la nuit ses sombres pensées, qui aboutissaient toujours à la même conclusion :

Aller chercher du secours aussi rapidement que possible, et revenir en force délivrer le malheureux prisonnier.

Mais, où chercher du secours ?

Rejoindre Mardochée à *Kano* fut sa première idée.

La réflexion lui montra bientôt qu'elle n'était pas pratique

Ses connaissances topographiques et géographiques étaient en effet, des plus bornées.

Il connaissait bien, par à peu près, la direction de *Kano*, vers le soleil couchant. Il savait malheureusement aussi que cette ville est relativement éloignée du lac, et que le juif, obligé de suivre la caravane, l'aurait certainement quittée avant qu'il eût pu le rejoindre.

Une sorte de fièvre l'agitait, que n'étaient pas faits pour calmer les allées et les venues des fauves, leurs rugissements tantôt éloignés, souvent très rapprochés.

Il savait que panthères et léopards grimpent aux arbres, et malgré le fusil dont il était armé, sa frayeur était extrême et lui enlevait ses facultés mentales.

Jusqu'au matin, il rumina dans sa cervelle mille projets plus impossibles les uns que les autres, et quand le jour vint, il était à bout de forces et épuisé de besoin.

Il fallait cependant pourvoir à sa propre sécurité, et se conserver pour le salut de son maître.

Après un repas sommaire, Ahmadou remonta la colline, décidé à chercher quelque village, quelque hutte isolée, où il pût prendre langue et recevoir une hospitalité qui lui était devenue nécessaire.

Là encore était un danger.

Les habitants du Soudan central ne sont, il est vrai, ni barbares ni féroces ; mais les tribus voisines se font souvent la guerre, surtout, nous le savons, pour se procurer des esclaves ; et depuis qu'il avait quitté son pays, il ignorait les relations qui existaient entre ses compatriotes et les habitants du nord du lac.

En tout cas, c'était une chance à courir, car il ne pouvait tarder à succomber à l'excès de fatigue, d'émotions et de privations, s'il ne trouvait pas un prompt secours.

Quand il eut atteint le sommet de la colline, il se mit encore une fois à examiner bien méticuleusement les environs.

Partout, à perte de vue, de grands arbres touffus rétrécissaient l'horizon.

Au milieu serpentait le ruisseau le long duquel il avait suivi les traces de Marius ; de ce côté, inutile de chercher, car il n'y avait aperçu aucune trace d'habitants.

Le Soudan est un pays extraordinairement riche, et tous les voyageurs qui ont pu le visiter depuis le commencement du siècle, Clapperton, Stanley, Cameron, Marche, Savorgnan de Braza et une trentaine d'autres intrépides explorateurs, sont d'accord pour affirmer que ses fertiles campagnes sont très peuplées, parsemées de nombreux villages et de villes importantes.

Avec son flair de sauvage, Ahmadou ne pouvait donc tarder à trouver quelque sentier, quelque trace, un indice quelconque lui permettant d'entrer en relations avec des êtres humains.

Ce qui le gênait dans ses recherches, c'étaient ces superbes forêts des essences les plus rares, les plus précieuses et les plus utiles qui lui masquaient la vue.

Le monstrueux baobab, l'arbre à beurre, l'ébène, le cocotier, le bananier, l'arbre à pain, le cacaoyer, etc., couvraient d'immenses étendues, et rien n'indiquait la présence des hommes.

Le malheureux Ahmadou avait eu la malechance de tomber sur un des cantons les moins peuplés de tout le Soudan central.

Cependant il réfléchit qu'en prenant une direction perpendiculaire à celle qui l'avait mené en ces lieux, il aurait plus de chances de croiser quelque piste, puisqu'il n'en avait pas rencontré en venant.

Il avait mis toute la matinée à gravir la colline ; après s'être reposé et restauré de son dernier biscuit de mer, de beurre végétal et de quelques bananes, il se remit en marche, et quand le soir arriva, il n'avait encore rien trouvé.

Rompu, brisé, il s'était arrêté au pied d'un gigantesque baobab et eut à peine la force d'allumer du feu pour faire cuire quelques racines qu'il avait retirées de terre.

Il regardait tristement pétiller son feu, absorbé dans de pénibles idées, quand un léger bruit lui fit lever la tête; il vit alors briller à la flamme du foyer deux points lumineux très rapprochés, qui ne pouvaient être que les yeux d'un animal fasciné par cette lumière éclatante.

Ahmadou avait son fusil chargé placé entre les jambes.

Ajuster et tirer fut l'affaire d'un instant.

Les flammes éclairèrent un animal qui fit un bond prodigieux et retomba sur place.

C'était une antilope de petite race que la balle avait frappée entre les yeux. Sa vue réjouit fort Ahmadou, privé depuis longtemps de viande fraîche; elle lui rendit comme par enchantement ses forces disparues; quelques minutes après, l'animal était dépouillé, et une large tranche grillait sur les charbons. A peine lui laissa-t-il prendre la chaleur du feu avant de dévorer cette chair à moitié crue, presque palpitante encore; et après avoir pendu la venaison à une branche d'arbre mince et élevée pour la soustraire à la voracité des bêtes féroces, il alla chercher le repos à l'aisselle de deux maîtresses branches du baobab, et s'y endormit profondément.

Depuis combien de temps dormait-il? Il n'aurait certes pu le dire, quand il fut réveillé par de légers miaulements qui paraissaient sortir d'une des branches mêmes auxquelles il était accoté.

La lune, dans son plein, éclairait une cavité creusée par le temps dans le tronc de l'arbre, tout à côté de lui; il ne l'avait pas remarquée en prenant son poste de couchage.

Les cris partaient de là.

Les cheveux crépus du nègre se dressèrent sur sa tête.

Il était à l'entrée du nid où avait mis bas une panthère ou un léopard; la mère ne pouvait tarder à revenir, et son feu éteint ne le protégeait plus!

Aurait-il même suffi à éloigner le fauve s'il avait senti que quelque danger menaçait sa progéniture?

Ce n'était pas probable.

Ahmadou n'eut d'ailleurs pas le temps de réfléchir.

Un puissant miaulement, déjà très rapproché, répondait à l'appel des jeunes félins.

Ahmadou songeait à se réfugier dans les branches supérieures ; mais il était trop tard.

Une superbe panthère arrivait au pied de l'arbre et, apercevant le noir, poussa un rugissement terrible.

Abandonnant une proie qu'elle portait à ses petits, elle s'élança sur le tronc avec de sourds grondements de colère.

Encore un instant, et Ahmadou était perdu.

Il avait heureusement rechargé son fusil après avoir tué l'antilope, malgré la fatigue qui l'accablait.

Presque sans viser, au moment où il allait être atteint, il fit feu.

La bête dégringola, se tordit un instant à terre.

Elle avait été foudroyée à bout portant.

Ahmadou l'avait échappé belle!

Près du cadavre de la bête féroce, éclairé en plein par la lune, quelque chose remuait, avec des plaintes ressemblant, à s'y méprendre, à des gémissements d'enfant.

En un instant Ahmadou fut en bas, après avoir pris cependant la précaution de recharger son arme, précaution dont l'opportunité venait de lui être démontrée.

Comment exprimer sa surprise?

Tout contre le cadavre de la panthère, un jeune négrillon se roulait sur le gazon, en proie à d'affreuses convulsions.

Il pouvait avoir environ deux ou trois ans.

Ahmadou le prit dans ses bras, le palpa dans tous les sens; à peine quelques gouttes de sang marbraient le petit corps noir; aucun membre ne paraissait brisé; la terreur seule pouvait expliquer le terrible état nerveux dans lequel se débattait la pauvre petite créature.

Embarrassé de sa trouvaille, Ahmadou ne savait trop que faire; les dents de l'enfant claquaient, ses membres se tordaient, sans que les caresses pussent le calmer.

Il poussait des cris déchirants.

Ahmadou songea alors à rallumer son feu, dans l'espoir que la chaleur aurait une salutaire influence sur l'état convulsif du petit malheureux.

Ce ne fut pas long; des tisons fumaient encore; l'herbe sèche et le bois mort ne manquaient pas; en peu de temps une claire flamme s'éleva, devant laquelle Ahmadou fit chauffer son burnous de laine, dont il enveloppa le petit nègre; à travers l'étoffe il continuait à le frictionner, tâchant en même temps de le calmer par de douces paroles.

Il se souvint aussi d'avoir vu, dans son pays, des mères employer, en guise de sinapismes, des cendres chaudes pour calmer les convulsions de leurs enfants.

Ahmadou prit le négrillon dans ses bras, le palpa dans tous les sens.

Dans les plis du burnous il emballa les pieds du petit, entourés de cendres chaudes sans être brûlantes; la chaleur, promptement ramenée aux extrémités inférieures, agit rapidement; au bout de quelques minutes les cris cessèrent, les membres s'assouplirent et les claquements de dents disparurent; les yeux cessèrent de se contourner, et le négrillon s'endormit tranquillement dans ses bras.

Alors seulement Ahmadou, reprenant la libre disposition de ses esprits troublés, comprit qu'il était près d'un lieu habité où le conduiraient infailliblement les traces de la panthère; il ne pouvait être que bien accueilli dans la famille où il ramènerait sain et sauf l'enfant qu'on devait pleurer.

Jusqu'au jour il lui continua ses soins, le berçant doucement dans ses bras devant la flamme. Le soleil était déjà au-dessus de l'horizon quand le pauvre petit se réveilla.

Ses yeux exprimèrent d'abord la terreur, et ses cris recommencèrent. Mais les caresses et les douces paroles d'Ahmadou le calmèrent bientôt.

Les nègres du Soudan central parlent à peu près le même langage, quelle que soit leur nationalité, et l'enfant, plus intelligent en cela que ceux de nos campagnes, qui poussent des cris perçants à la vue d'un étranger, comprit bien vite qu'il ne devait pas avoir peur de son sauveur qui lui promettait de le ramener à ses parents.

Cependant, quand il vit le corps de la panthère, il recommença à trembler et se mit de nouveau à pleurer.

Ahmadou eut encore bien de la peine à le calmer, en lui montrant que l'animal était mort.

Alors, par un revirement enfantin, le petit, déjà habitué aux choses de la nature, et qui ne voyait probablement pas pour la première fois une bête féroce tuée, se mit à jouer avec le cadavre de celle dont il avait été sur le point de devenir la proie. Il la tirait par la queue, fourrageait de ses petites mains dans la belle fourrure, faisant sortir les griffes rétractiles, mettait les doigts dans les yeux.

Ahmadou le regardait faire, s'amusant de ce spectacle, quand les miaulements qui l'avaient réveillé se firent de nouveau entendre.

Les petites panthères devaient déjà avoir dents et ongles, puisque leur mère leur apportait une proie vivante, comme font les chats des souris qu'ils attrapent, dès que les petits sont en âge de les déchirer.

Résolu à détruire la portée, Ahmadou devait user de prudence s'il ne voulait pas attraper quelques bons coups de griffe.

Plusieurs coups de fusil tirés au hasard dans le trou eurent bientôt réduit la portée au silence.

A chaque détonation, l'enfant, effrayé, poussait des hurlements, et Ahmadou, descendu de son arbre, eut encore beaucoup de peine à le calmer.

Quand la nichée fut détruite, Ahmadou écorcha la mère; puis, comme la faim commençait à se faire sentir, l'antilope fournit une nouvelle grillade, qui restaura l'homme et l'enfant.

Après quoi, se chargeant de la dépouille du fauve et d'un quartier de venaison, prenant le négrillon par la main, le bon Ahmadou se mit à chercher la piste de la panthère.

Elle était bien visible; les herbes foulées et les empreintes de son pied sur le sol gras permettaient de la suivre sans hésitation. Elle débouchait, non loin de là, dans une plaine découverte où apparaissaient les premières cultures. Les arbres se faisaient beaucoup plus rares, tandis qu'au contraire le sorgho, le maïs, le riz et les arachides, les patates, les ignames, les oignons, les fèves, l'indigo et le tabac y occupaient de vastes champs entre lesquels apparaissaient des huttes, tantôt isolées, tantôt groupées en hameaux et entourées de cactus, d'arbres à pain, de bananiers, de dattiers et de macrocarpa fournissant aux indigènes, avec la nourriture quotidienne, les éléments d'un commerce lucratif.

A mesure que l'on avançait, l'enfant paraissait se reconnaître; bientôt ce fut lui qui guida son sauveur.

Ils arrivèrent à une misérable case, de l'intérieur de laquelle s'échappaient des gémissements entrecoupés de sanglots.

L'enfant y pénétra le premier, tirant Ahmadou par la main.

Alors un grand cri traversa l'air, et soudain une jeune femme, la mère affolée, se précipitant sur l'enfant, le saisit avec passion, et, le pressant avidement sur son cœur, essayait des paroles inarticulées que l'émotion étranglait dans sa gorge, tandis que de ses yeux s'échappait un torrent de larmes de bonheur.

Le père, tout aussi ému, mais moins démonstratif, enlaça dans une même embrassade la mère et l'enfant; mais la vue d'un étranger arrêta l'effusion de ses transports.

Il s'avança rapidement, l'œil interrogateur, incapable de prononcer un mot.

Attendri de ce touchant spectacle, Ahmadou s'était arrêté sur le seuil; il sentait, lui aussi, son œil se mouiller, et quand le père vint à lui, les bras ouverts, les deux hommes, qui s'étaient compris sans s'être parlé, scellèrent une impérissable amitié dans une étreinte mutuelle.

La pauvre mère, elle, s'était retirée dans un coin de la case, savourant égoïstement son bonheur, dévorant de caresses son enfant retrouvé; et quand, amené par le père, Ahmadou lui fut présenté, ils étaient si heureux que tous trois, avec un ensemble parfait, se mirent à pleurer, tandis que le pauvre petit ouvrait de grands yeux ébahis, l'enfance ne pouvant comprendre que l'excès de joie fasse pleurer.

On conçoit aisément l'accueil qui fut fait à Ahmadou.

Quand la première émotion fut passée, on lui fit raconter le sauvetage de l'enfant. Les moindres détails étaient avidement recueillis, car il ne faut pas croire que les peuples civilisés aient le monopole des douces affections. Les témoignages extérieurs peuvent différer, mais les sensations n'en sont pas moins vivement ressenties; et les grandes émotions frappent la mémoire des uns comme des autres d'un sceau d'autant plus indélébile, qu'elles sont moins fréquemment renouvelées.

Ahmadou, après son récit, en vint aux motifs de son voyage isolé et au but de ses recherches. Son hôte eût bien voulu le retenir quelque temps près de lui; mais en présence du puissant intérêt qui s'attachait à la rapidité de ses mouvements, il lui offrit ses services pour continuer sa route; et le surlendemain, après une journée d'un repos aussi nécessaire que mérité, il l'accompagnait jusqu'à *Ngigmi*, et le présentait à des parents qu'il y avait, au service d'un notable commerçant de la place.

Ngigmi est située à la pointe nord-ouest du lac; quoique peu populeuse, elle ne manque pas d'importance, étant l'un des principaux centres de ravitaillement des caravanes qui, ayant drainé les produits du *Tchad* et de ses environs, les portent aux marchés de *Barraoua*, de *Kouka*, d'où ils rayonnent vers les comptoirs du *Bornou*, du *Sokoto* ou du *Damergou* pour être dirigés vers les régions maritimes par la voie du Niger ou par celle des grandes caravanes qui les remontent vers le nord.

Ahmadou n'eut pas un long séjour à faire à *Ngigmi*.

Hospitalièrement accueilli, il se fit sans peine admettre, grâce à son arme, dans l'escorte d'un convoi de marchandises qui devait aller à *Birma* échanger les produits du lac et de ses bords contre de la poudre d'or que les nègres y apportent de tous côtés pour la troquer contre un poids égal du sel que produisent en abondance les riches salines de la contrée.

Ce même sel compléta le chargement de la caravane, qui de *Birma* fit route sur *Ghrât*, où elle arriva sans incidents dignes d'être rapportés, deux mois après son départ de *Ngigmi*.

Ali apprit la captivité de Marius.

CHAPITRE XVIII

ALI ET AHMADOU

La joie d'Ali fut grande quand, à l'arrivée de la caravane qui ramenait Ibrahim et ses complices, il apprit que Marius Mercurin continuait sa route sur *Kano* dans d'excellentes conditions.

Ses blessures étaient guéries depuis longtemps; et, tout en servant avec conscience les parents de Mardochée, il s'occupait activement et avec succès de faire prospérer les petits intérêts dont Marius l'avait chargé pour lui persuader que sa présence à *Ghrât* lui était nécessaire.

Chez les peuples orientaux, la justice est sommaire.

A peine arrivés à *Ghrât*, les pirates du désert avaient été traduits devant le cheikh, qui prononça *illico* leur sentence; et deux jours après, Ibrahim et les deux plus compromis de ses complices étaient pendus haut et court; les autres furent envoyés aux galères, après avoir reçu la bastonnade.

Il faut bien le dire, les instincts cruels et vindicatifs développés par l'éducation orientale d'Ali et par les principes du Coran qui, au contraire de la religion chrétienne, n'admettent pas le pardon des injures, l'avaient porté aux premiers rangs de la foule qui assistait à l'exécution; et quand il vit lancer Ibrahim dans le vide, sa bonne figure, habituellement si douce, et ses yeux caressants prirent une horrible expression de joie féroce et de vengeance satisfaite.

Cependant le temps passait, et le retour de Marius ne devait plus beaucoup tarder.

Ali comptait les jours qui, d'après lui, pouvaient encore le séparer de ce moment.

Que dire de son désespoir quand, au retour imprévu d'Ahmadou, il apprit la captivité de celui à qui il avait voué une reconnaissance éternelle?

Ce fut un coup terrible pour le pauvre enfant; pendant de longues heures son cerveau, comme paralysé, ne put coordonner deux idées.

Une pensée unique, vague encore, mais ferme cependant quoique mal définie, commençait à se faire jour à travers son chagrin :

Délivrer son sauveur!

. . . .

Quand, après les premières heures de stupéfiante douleur, Ali fut en état d'entendre Ahmadou, — quand il reçut de lui l'assurance que les jours de Marius n'étaient pas menacés, un peu de calme se rétablit en lui, et il commença à chercher les moyens possibles de l'arracher promptement à ses ravisseurs.

« Ahmadou, dit-il, Sidi Marius a sauvé deux fois ma vie; j'irai à son secours.

— Sidi Marius est un homme bon, Ali; il m'a promis ma liberté. J'irai avec toi; mais à nous deux tout seuls nous ne pourrons pas le délivrer.

— J'ai de l'argent à lui. Je payerai des hommes pour nous accompagner.

— Tu n'as pas assez d'argent. Ali; il faudrait beaucoup d'hommes, des chameaux, des armes, des provisions. Cherche autre chose!

— Cherchons, Ahmadou!

. . . .

. . . .

— Ce ne sont pas des hommes payés qu'il faudrait, Ali. Il faudrait que des amis à Sidi Marius se joignissent à nous; chacun d'eux vaudrait quatre salariés.

— Oui! mais il ne connaît ici que les parents du juif. Cependant, si le cheikh voulait! Mais il ne consentira jamais à une nouvelle expédition pour sauver un seul homme, surtout un Roumi!... Ah! Ahmadou!... une idée!

— Quoi? dis vite.

— Ecoute. »

Alors, avec l'emphase orientale, Ali raconta à Ahmadou l'hospitalité des Touareg, la chasse aux lions, les soins donnés aux blessés par Marius et leur amitié avec la tribu et le vieux chef. Il lui expliqua la haine des Azger pour les pirates du désert, leur amour des représailles et son espoir d'obtenir leur concours.

« Si je n'ai pas assez d'argent, ajouta-t-il, pour organiser une expédition, j'en puis trouver assez pour aller chez les Touareg. C'est notre seul espoir.

— Essayons », dit Ahmadou.

. . . .

Dès le lendemain, Ali réalisait une partie de la petite fortune dont Marius lui avait confié la gestion, prenait congé des parents de Mardochée, achetait deux chevaux, des armes, et une mule pour l'eau et les vivres.

Trois jours seulement après le retour d'Ahmadou, tous deux quittaient *Ghrât* et reprenaient, en sens inverse, la route qui y avait amené Marius et ses compagnons.

Cependant un grave souci préoccupait Ali.

La saison avait changé, et il était à craindre que leurs amis les Touareg n'eussent transporté ailleurs leur campement. Il pensait bien, néanmoins, qu'à *Djeberten* il aurait des nouvelles du vieux chef, très connu dans toute la contrée.

Son espoir ne fut pas trompé; et, circonstance des plus heureuses, non seulement on put lui indiquer le parcours où il faisait paître ses immenses troupeaux, mais encore le lieu de son campement n'était qu'à deux jours de marche de *Djeberten*.

Le vénérable patriarche vivait toujours, calme et digne, au milieu des siens, entouré d'égards et de respect.

La réception qu'il fit aux dévoués serviteurs de Marius fut des plus cordiales.

Les compagnons d'infortune d'Ali étaient bien guéris de leurs blessures; le plus endommagé seul avait conservé une légère claudication.

A la nouvelle de la captivité de Marius, ce fut une émotion générale dans le douar.

On avait fraternisé avec lui; c'était comme si l'un des membres mêmes de la tribu eût été enlevé.

Le vieillard réunit en conseil les principaux chefs de tente; leur délibération ne fut pas longue.

Nous savons que, s'ils ne sont pas pillards comme leurs voisins les Ahoggar, les Azgèr, dont les instincts sont tout aussi belliqueux, se sont improvisés protecteurs du commerce du Soudan avec les pays du Nord, et défenseurs des caravanes qui l'exercent.

Or ces fonctions entraînent souvent de terribles représailles; et, dans le cas actuel, un triple objectif se présentait aux esprits : délivrer Marius, punir ses ravisseurs et prélever sur eux une contribution de guerre destinée non seulement à couvrir les frais de l'expédition, mais surtout à prévenir, par l'intimidation, le retour de faits semblables.

Ce dernier point de vue ne fut certes pas celui dont la considération fût la moins puissante, ni qui offrît le moins d'attraits.

L'occasion d'une bonne petite razzia n'est en effet jamais dédaignée chez les Berbères comme chez les Arabes, dès qu'elle paraît justifiée par un semblant plus ou moins valable de représailles.

Une expédition fut donc résolue à l'unanimité.

Mais la faiblesse numerique des smalas réunies ne permettait pas qu'elle fût nombreuse.

Il fut décidé que le quart des hommes valides y prendraient part, ce qui portait à quatorze seulement l'effectif de la petite troupe qui devait accompagner Ali à la recherche et à la délivrance de Marius Mercurin.

Avec nos deux amis, cela faisait en tout seize combattants.

Certes ce n'était pas là une force bien imposante; néanmoins, bien montés, bien armés, ne portant aucune marchandise de nature à tenter des pillards, n'étant arrêtés par aucun des *impedimenta* obligatoires d'une troupe nombreuse, décidés à éviter les grands centres, où ils eussent rencontré de fréquentes causes de retard, ils pouvaient parcourir rapidement la route qui les séparait du *Tchad.*

Les montures d'Ali et du nègre, absolument incapables de la sobriété et de la résistance nécessaires dans une semblable expédition, furent remplacées par des mehara, seuls aptes à fournir les étapes voulues avec toute la célérité désirable.

Chaque mehari devait porter, avec son cavalier, l'eau et les vivres. Par mesure de précaution, un esclave chamelier fut adjoint à la troupe, avec mission de conduire, outre celui qu'il montait, deux mehara de rechange chargés de vivres et d'eau, et devant remplacer, le cas échéant, ceux auxquels quelque accident pourrait arriver en route.

Le commandement fut donné à l'aîné des petits-fils du patriarche, jeune homme infatigable, d'une vigueur et d'une énergie peu communes et renommé pour son extrême sobriété et son incroyable facilité à supporter la soif, qualités si appréciées parmi les peuplades sahariennes.

On ne put cependant pas partir immédiatement; trois jours furent nécessaires pour visiter et réparer les harnachements, les armes et les outres, pour réunir les munitions et les provisions de bouche, et enfin pour entraîner les chameaux par une nourriture appropriée aux fatigues qu'ils allaient avoir à supporter.

Le soir du troisième jour, une copieuse agape offerte par le patriarche réunit avec Ali et Ahmadou leurs futurs compagnons de route; elle se termina par un discours où le vieux chef recommanda à tous, avec la rigoureuse pratique de leurs devoirs religieux, le bon accord entre eux, le courage dans les rencontres, la modération dans la victoire et l'obéissance à leur chef.

Et le matin du jour suivant, bien avant le lever du soleil, la petite troupe s'ébranlait dans la direction du Sud.

Au départ, la vitesse fut modérée; mais, peu à peu, les mehara, poussés de nourriture depuis trois jours, s'animèrent et l'on enleva une trentaine de lieues, vitesse qui, si elle était maintenue régulièrement, devait permettre de franchir en dix jours les trois cents lieues qui séparent *Djeberten* du lac *Tchad*.

Malheureusement les chameaux, qui peuvent fournir de si longues étapes, ont besoin de repos fréquents; et comme la saison sèche et brûlante de l'année était revenue, l'on était obligé de faire halte pendant le jour.

Chacun sait que, la nuit, l'on progresse toujours plus lentement, surtout dans un terrain inégal et rocailleux comme l'interminable hamada, où les pierres roulent à chaque instant sous les pieds des montures, qu'elles font trébucher.

Puis l'eau était rare et la soif ardente; toute trace de végétation avait disparu, et les chameaux souffraient de la faim, ne trouvant qu'une nourriture insuffisante aux environs des aiguades.

Enfin, le rayonnement nocturne déterminait une terrible humidité qui traversait les vêtements et glaçait les cavaliers brûlés peu d'heures auparavant par le cuisant soleil sous lequel il fallait camper.

Au bout de huit jours de marche, le tiers seulement de la route avait été parcouru, et l'on arrivait à *Bir-Aziou*, près des puits que nous connaissons.

Aux environs subsistait un maigre pâturage qui, avec le dur feuillage du palmier, devait contribuer à rendre aux montures exténuées un peu de vigueur et d'énergie.

Après un repos de deux jours, la route du Sud fut reprise.

On commençait à marcher après la première prière du soir (3 heures); au coucher du soleil et à minuit, nouvelle oraison; et l'on continuait l'étape jusqu'au lever du soleil, signal de la prière du matin.

Alors on dressait la tente, et les hommes prenaient un frugal repas de dattes et de figues avec quelques gorgées d'eau, et se livraient au sommeil. Vers le milieu du jour, le jeune chef appelait encore à la prière, qui était suivie d'un repas de couscoussou, après lequel chacun retournait sous la tente chercher un vain abri contre le soleil qui brûlait la plaine.

Une lourde torpeur qui n'était pas le sommeil s'emparait alors de chacun, et n'eût été la vigilance du jeune chef, certes plus d'un eût manqué la prière et l'heure du départ, voire même la nouvelle distribution de fruits secs et d'eau qui le précédait.

Pendant ce temps, les chameaux entravés cherchaient entre les pierres brûlées quelques brins d'herbe desséchée, quelque touffe de diss ou de chardons grillés, quelque bouquet isolé de palmiers nains.

C'était cinq jours après le départ de *Bir-Aziou*; le soleil avait des ardeurs inusitées; le matin, les animaux surmenés n'avaient pu trouver aucun aliment, si maigre qu'il fût; ils avaient erré vainement dans la plaine de cailloux calcinés; et quand vinrent les heures les plus chaudes, les malheureuses bêtes haletantes, qui n'avaient pas bu depuis *Bir-Aziou*, se couchèrent sur le sol, pour y chercher un repos problématique.

Pendant ce temps, les hommes, harassés, exténués par cette chaleur insolite, gisaient anéantis sous la tente.

Seul veillait l'infatigable petit-fils du patriarche, insensible en apparence à la chaleur comme au froid, endurci contre la soif comme contre la faim.

Quand le soleil sur son déclin eut parcouru la moitié de sa course descendante, il se leva et, d'une voix grave, appela les fidèles à la prière.

Ce ne fut pas sans peine que, ce jour-là, il put rassembler

tout son monde; et quand, après d'indolentes prières lentement montées vers Allah, on eut mangé quelques dattes et bu quelques gorgées d'eau tiède, une véritable lutte commença avec les chameaux qui refusaient de se lever.

Elle ne fut, malheureusement, pas suivie d'un plein succès. Trois bêtes ne purent se mettre sur leurs jambes : l'une était morte d'insolation, deux autres râlaient.

C'était un déplorable accident qui pouvait inspirer les plus grandes craintes pour l'avenir de l'expédition.

Non seulement il fallait partager la charge des trois bêtes entre les autres, ce qui n'eût pas tiré à grande conséquence, mais encore un mehariste se trouvait démonté.

Pour ne pas trop retarder la marche, il fut décidé que le chamelier nègre monterait alternativement en croupe derrière chaque cavalier.

Cependant il n'y eut pas de nouveaux malheurs à déplorer avant *Semiani-Kay*, où existent trois puits excellents, entourés de bouquets de palmiers et de pâturages suffisants, malgré leur sécheresse, pour restaurer les mehara.

L'état maladif des montures obligea la troupe à une halte de cinq jours, pendant lesquels deux chameaux moururent encore, ce qui portait à quatre sur treize le nombre de ceux qui devaient, à l'avenir, porter double fardeau.

Mais les treize chameaux restant étaient en excellent état; copieusement nourris et largement abreuvés, bien reposés, ils ne tardèrent pas à reprendre toute leur vigueur, et malgré la surcharge qui leur était alternativement imposée, ils franchirent rapidement et allègrement, sans accidents nouveaux, la route de *Semiani-Kay* à *Tégoulaouen*.

Trois jours de repos y furent encore donnés aux hommes et aux chameaux, qui s'y refirent complètement par une bonne eau et une nourriture abondante et substantielle, cédée par les habitants en échange des harnachements des six mehara morts en route.

Pour gagner le lac *Tchad*, le plus sage eût été de prendre la route fréquentée par *Sinder*, puis celle que les caravanes de

Kouka suivent, en remontant la rive occidentale par *Barraoua* et *Ngigmi*, pour aller charger de sel à *Birma*.

Mais c'était un grand crochet, que le jeune chef impatient résolut d'abréger en suivant une ligne droite dans le Sud-Est.

On emporta de l'eau et des vivres en quantité suffisante pour donner un repas en route aux chameaux, et le quatrième jour ils furent déchargés de la quantité d'orge, de fourrage et de liquide qu'ils consommèrent.

On pouvait alors espérer avoir atteint la moitié de cette partie terminale de la route.

Jusque-là la température avait été supportée; mais, le cinquième et le sixième jour, le soleil eut des ardeurs terribles, et l'imprudence du jeune Touareg fut cruellement punie. Pendant ces deux jours, quatre mehara succombèrent encore.

On approchait heureusement du terme du voyage ; on devait être sur la frontière du *Kanem* et du désert, car, le septième jour, les premiers plans d'une vaste forêt apparurent à l'horizon.

On prolongea la marche jusque-là ; et comme les mehara épuisés avaient un indispensable besoin de nourriture, on y séjourna vingt-quatre heures, pendant lesquelles ils reçurent une bonne provende de feuilles de bananiers à la fois nourrissantes et rafraîchissantes.

La lisière était orientée du nord au sud; on la suivit pendant deux jours, cherchant, pendant les heures les plus chaudes, un abri sous son épais ombrage, à la faveur duquel les chameaux survivants ne tardèrent pas à reprendre toute leur vigueur et leur gaieté.

Les hommes aussi en éprouvèrent les salutaires effets; ils abattirent quelques pièces de gibier qui, avec les fruits frais, leur rendirent l'énergie et l'espérance un instant déçue.

Le dixième jour, les premières cultures apparurent aux yeux enchantés de nos voyageurs, parsemées de huttes isolées répandues dans la plaine.

Seul un pauvre vieillard fut atteint.

La case la plus rapprochée fut bientôt atteinte.

A la vue des Touareg, ce fut un sauve-qui-peut général; les malheureux indigènes, voyant déjà leurs misérables biens pillés et leurs troupeaux enlevés, essayaient au moins, par la fuite, de dérober leurs personnes à la captivité et à l'esclavage.

Ils se dirigeaient, de toute la vitesse de leurs jambes, vers la forêt, pour y chercher un refuge provisoire.

La plupart s'y étaient déjà mis en sûreté.

Seul un pauvre vieillard fut atteint au moment où, lui aussi, allait y disparaître.

Il était tout tremblant, et eut quelque peine à comprendre qu'on ne voulait aucun mal à lui, à ses compagnons ni à leurs biens.

Le but de l'expédition lui fut expliqué, et il fut bientôt rassuré, car la voix de la renommée avait porté jusqu'à lui l'histoire de l'enlèvement de Marius par les pirates du lac, et celle du sauvetage d'un enfant enlevé par une panthère.

Il put même indiquer le nom des parents de l'enfant et la route à suivre pour se rendre à leur demeure, éloignée seulement de quelques heures de marche.

On était donc tout près du Tchad, et une heureuse chance avait conduit la petite caravane à proximité du lieu même où Marius avait été capturé.

Le bonhomme, rentré librement sous bois, ne tarda pas à ramener les siens.

Alors un jeune homme se proposa pour conduire Ali et ses compagnons chez les époux auxquels Ahmadou avait rendu leur enfant.

Comme on approchait, il prit, avec Ahmadou, les devants pour annoncer l'arrivée de la troupe, afin d'éviter que les habitants, effrayés, ne prissent la fuite en l'apercevant.

Bientôt ils revinrent tous deux accompagnés du père qui, après les salutations d'usage, offrit l'hospitalité avec son concours pour sauver Marius.

Les tentes furent dressées près de la cabane; et quand vint

la nuit, la ménagère servit un gros plat de chevreau grillé, avec une jarre de lait aigre.

Les animaux furent attachés au piquet; et un sommeil réparateur ne tarda pas à clore toutes les paupières, sauf celles de la sentinelle qui veillait au salut commun.

Une troupe de jeunes hippopotames folâtrant.

CHAPITRE XIX

LES CROCODILES

Pendant tout ce temps, que devenait notre héros?

Depuis des mois il travaillait pour le compte de ses ravisseurs, pêchant avec eux, faisant sécher leur poisson, écorchant des hippopotames, tannant leurs cuirs, récoltant le natron et ramant dans les embarcations.

Admis dans la famille, il participait, nous l'avons vu, à la vie commune. Il s'était installé avec des peaux et des nattes un compartiment assez convenable dans le coin de la case qui lui avait été abandonné.

Il jouissait du même confort que ses maîtres, et son exemple les avait initiés à certains raffinements jusque-là ignorés d'eux.

Ainsi, il leur avait appris à lessiver leurs vêtements avec des cendres, et était parvenu à fabriquer une pâte savonneuse en faisant bouillir de la graisse d'hippopotame et de l'huile de palme dans un lavage de cendres de bois et de plantes aquatiques similaires aux varechs de nos côtes maritimes.

La confection du bouillon d'hippopotame et de l'hippopotame

nature avait apporté une notable amélioration au régime jusque-là invariable de la viande et du poisson grillés.

Il leur avait aussi appris à faire un usage rationnel et modéré du sel, qu'ils se procuraient dans les villes du littoral, et qu'ils grignotaient ou laissaient fondre dans la bouche comme des bonbons, au lieu d'en assaisonner leurs aliments.

En somme, nous l'avons dit, la vie matérielle était supportable.

Mais Marius se désolait de ne concevoir aucun plan pratique pour reconquérir la liberté; et cependant le temps se passait sans lui apporter aucune nouvelle du dehors qui pût lui offrir quelque espoir de délivrance.

Il commençait à comprendre et à parler la langue des insulaires; quand il fut à même de tenir avec eux une conversation suivie, le dialogue suivant s'établit entre lui et son ravisseur :

« Je suis un mauvais serviteur pour toi; je n'ai pas vos habitudes, et le chagrin ne tardera pas à me faire mourir; si tu veux me rendre la liberté, je te ferai riche et puissant, et tu pourras acheter beaucoup d'esclaves pour me remplacer.

— Pourquoi veux-tu t'en aller? nous ne te maltraitons pas, et tu as à manger tant que tu veux.

— C'est vrai; mais votre nourriture et votre vie ne sont pas celles du pays ou j'ai laissé ceux que j'aime. Ici je mourrai bientôt.

— Comment pourras-tu nous payer ta liberté sans retourner dans ton pays? Si nous te laissons partir, tu ne reviendras pas.

— Ecoute! dans mon pays je suis un grand marchand. Je te donnerai une lettre que tu feras porter à Ghrât, où on te donnera dix pièces de cotonnade[1] et mille grains de verroterie[2] avec du benjoin, un fusil, de la poudre et du plomb pour cent mille coris[3]. Au retour de ton envoyé, tu me feras conduire

1. Chaque pièce est de 70 coudées et vaut 50000 coris, prix d'un esclave adolescent et robuste.

2. Valant 50000 coris le mille.

3. Petite coquille (*Cypræa moneta*) qui sert de monnaie chez les nègres du Soudan et vaut environ un demi-centime.

à Ghrât, je t'en enverrai encore autant, et tu pourras avoir beaucoup d'esclaves et devenir un grand chef.

— Au lieu de me donner les marchandises, on arrêtera peut-être mon envoyé pour venir à ton secours. Non, non; je n'ai pas confiance.

— Je serai toujours là, et tu pourras me tuer si je t'ai trompé.

— Quand tu seras mort, je n'aurai ni esclave ni marchandises, et on nous ferait payer ta mort trop cher. »

. . . .

. . . .

Marius fut donc obligé d'abandonner cet espoir.

. . . .

Les fortes chaleurs venues, l'intérieur des cases, infesté de moustiques, était devenu impossible à Marius, moins endurci que les indigènes à leurs intolérables piqûres.

C'était un horrible supplice.

Incapable de rester en place, notre nerveux voyageur arpentait l'îlot en tous sens, ne s'arrêtant que quand l'excès de fatigue interrompait un instant ses interminables insomnies.

Alors il s'endormait là où il se trouvait, pour être bientôt rappelé à la triste réalité par les attaques des voraces diptères, ou brusquement réveillé par l'invincible autosuggestion qui faisait son tourment.

Il affectionnait tout particulièrement la croupe arrondie d'un gros bloc erratique qui, situé à l'extrémité nord de l'îlot, avait sans doute été la cause première de sa formation, en entravant la libre circulation des alluvions, et provoquant ainsi la formation des dépôts sédimentaires.

C'était une diversion à son noir chagrin que de suivre de là les nocturnes ébats des monstrueux amphibies qui jouaient, combattaient, se poursuivaient dans le vaste espace découvert par le retrait des eaux.

Rien de drôlatique comme les lourds divertissements d'une troupe de jeunes hippopotames folâtrant autour de leurs volumineux parents qui les contemplent de leurs petits yeux bêtes et ravis.

L'nndes crocodiles se dressa le long du rocher.

Et les manœuvres des immenses et voraces sauriens qui marchent tantôt en file au bord de l'eau, tantôt en bataille ou en colonne serrée, font claquer leurs mâchoires, plongent en bande ou isolément sur un banc de gros poissons qui passent, dévorent d'innombrables quantités de ces crabes terrestres qu'on nomme *tourlourous*, ou saisissent traîtreusement, pour l'entraîner sous l'eau, une gazelle ou un sanglier venu à l'abreuvoir.

L'eau, par ses affouillements en amont du rocher, formait une petite baie qui s'étendait jusqu'à sa base, et souvent les crocodiles s'y engageaient à la poursuite du poisson facile à capturer dans cette espèce d'étroit chenal.

Un beau soir, Marius s'était rendu à son poste habituel; son âme errait dans le vide, et ses yeux, machinalement absorbés dans la vague contemplation du grand spectacle de la nature, fixaient inconsciemment les ondulantes scintillations de la lune dans le miroir uni du lac.

Cette contemplation produisait sur son organisme une sorte de fascination dont il ne se rendait pas compte, et à la longue un état d'anéantissement physique s'était emparé de ses sens.

Il ne pensait plus, ne voyait plus, ne sentait plus, et pourtant il ne dormait pas.

Il fut tiré de cette torpeur par un rapide *crescendo* du clapotis des petites lames sur la plage.

Un étrange spectacle s'offrit alors à sa vue :

Une bande de crocodiles, qui l'avaient sans doute éventé, s'avançait vers le rocher.

Il n'y avait là rien de bien extraordinaire, et ce n'était pas la première fois que des sauriens, attirés par les effluves de son corps, étaient venus jusqu'au pied du rocher qu'ils avaient essayé vainement de gravir.

Mais ce qui était vraiment étonnant, c'était la marche régulière et lente de la bande, qui semblait agir sous l'impulsion d'une volonté unique et raisonnée.

Elle formait en effet un arc de cercle qui se refermait à mesure qu'il approchait du rocher, comme s'il eût appartenu à une circonférence dont le rayon eût diminué d'une manière progressive. Il devait en résulter que le rocher se trouverait entouré quand les deux extrémités de l'arc se seraient rejointes.

Tout étonné qu'il fut, Marius n'était pas autrement inquiet, car il savait, par les vains efforts qu'il avait souvent vu faire aux crocodiles, que la paroi lisse et glissante du rocher ne leur en permettait pas l'escalade.

La manœuvre des amphibies devint même un amusement pour lui; et, distrait un moment de ses sombres pensées quand il les vit, côte à côte, les têtes tournées vers le centre et les yeux avidement fixés sur lui, son naturel gaulois reprit le dessus, et saluant à la ronde :

« Ils sont trop verts, messieurs », dit-il.

Jugez de son étonnement!

L'un des crocodiles, se dressant le long du rocher sur les pieds de derrière, lui répondit distinctement ces paroles :

« Descendez, monsié, si tu veux, pour me tirer de ma coquille. »

L'animal fut bientôt amené à terre

CHAPITRE XX

ÉTRANGE NAVIGATION

Voici ce qui s'était passé :

Les deux jours qui avaient suivi l'arrivée d'Ali, d'Ahmadou et des Touareg avaient été employés à organiser le campement pour un séjour qui paraissait devoir être de quelque durée, et à assurer la nourriture des hommes et des bêtes de selle.

Il n'y eut d'ailleurs aucune difficulté à cet égard.

Les environs étaient extrêmement giboyeux et l'eau commune; dans l'immense plaine, de vastes terrains incultes offraient de bons pâturages pour les chameaux, et partout les fruits nourrissants abondaient.

Malgré le besoin de repos qu'ils avaient comme leurs compagnons, Ali et Ahmadou étaient impatients de reconnaître le pays et de se mettre à la recherche de Marius.

Ahmadou ne fut pas long à retrouver la route qu'il avait suivie pour ramener le jeune négrillon, et il conduisit Ali à l'arbre où avait mis bas la panthère.

Mais à partir de ce point, ses souvenirs étaient moins précis; il se rappelait seulement avoir marché comme le soleil pour venir en ce lieu; en allant vers le soleil levant, il devait donc rencontrer le lac, le ruisseau qui l'y avait conduit, ou la colline qui le dominait.

Il n'eut pas grand'peine à reconnaître le point d'où il avait aperçu le lac pour la première fois; mais quand il voulut chercher la pointe à l'extrémité de laquelle Marius avait été saisi, et d'où il avait pris ses amers pour relever la direction de la barque, une grande difficulté se présenta.

Le niveau des eaux, en s'abaissant, avait en effet essentiellement modifié les contours du lac; et à la faveur de l'humidité, dont étaient restées imprégnées les berges découvertes, sa ceinture de verdure s'était considérablement rétrécie.

L'île où Ahmadou supposait que Marius avait été conduit se trouvait sur le prolongement d'une ligne droite menée par l'extrémité du petit promontoire et par un bouquet bien remarquable de cinq hauts palmiers situés à mi-côte.

Les palmiers furent facilement retrouvés; mais la pointe, confondue dans la végétation qui s'était développée tout autour d'elle, restait introuvable.

En descendant sur la plage de vase desséchée, aussi bas que le permettait son degré de consistance, l'on se rapprochait beaucoup du centre du lac et, par conséquent, de l'archipel qui s'y trouve; quelques îlots apparaissaient de là bien visibles; mais plusieurs possédaient des bouquets de palmiers, comme celui vers lequel avaient paru se diriger les ravisseurs de Marius.

A défaut de relèvements, il n'était pas possible de le reconnaître au milieu de tous les autres, et il devenait nécessaire de procéder à des recherches méthodiques et prudentes pour ne pas attirer l'attention des insulaires.

Les habitants du littoral, constamment exposés aux déprédations des pirates du lac, ne possèdent point de barques qui leur seraient bientôt ravies. Ils n'ont cependant point, pour cela, renoncé à tirer parti des eaux poissonneuses; mais ils ne s'aventurent pas sur le lac, et se contentent de pêcher de terre les nombreuses variétés de poissons qui pullulent dans le Tchad.

C'était une nouvelle difficulté; un nageur, si habile qu'il

fût, ne pouvait songer à s'exposer dans ces eaux infestées de hideux crocodiles, où des radeaux sont eux-mêmes très dangereux à cause de la difficulté de les manœuvrer pour fuir les attaques de ces vigoureux sauriens, aussi agiles dans l'eau qu'ils sont lourds à terre, et qui les feraient chavirer sans peine.

On parlait donc d'abattre et de creuser des troncs d'arbres pour en faire des pirogues, ce qui eût nécessité un travail long et pénible, vu la pénurie d'outils et le peu d'habileté des ouvriers, lorsque l'indigène fit observer à Ahmadou qu'une flottille de pirogues ne pourrait passer inaperçue sur le lac, qu'elle serait bientôt attaquée par les insulaires, et que, malgré la supériorité des armes des Touareg, elle serait infailliblement détruite par ces habiles mariniers montés dans de bonnes et solides embarcations.

Il proposa de faire usage d'un moyen de navigation employé par les riverains pour se procurer en grand nombre des ibis qui, à l'occasion de certaines fêtes, telles que l'avènement d'un sultan ou le retour d'anniversaires vénérés, sont le plat traditionnel et obligé qui doit figurer sur toutes les tables.

C'était de s'introduire dans des carapaces de crocodiles, de s'approcher ainsi des îlots et de les explorer sans attirer l'attention de leurs habitants, accoutumés au constant voisinage de ces amphibies.

Voici comment se pratique cette chasse :

On profite des heures les plus chaudes du jour; les ibis, très nombreux aux environs du lac, se posent en bandes sur le dos des crocodiles endormis à fleur d'eau, où ils trouvent une abondante nourriture de petits mollusques, d'insectes aquatiques, de malacodermes ou de petits polypes.

Dans la peau d'un crocodile préparé *ad hoc*, les chasseurs approchent des dangereux animaux sans attirer leur attention, ni celle des oiseaux dont ils veulent s'emparer.

Leurs bras, sortant par les pattes de devant, hermétiquement fermés par des espèces de gants de boyaux, saisissent alors les longs pieds des échassiers qui sont à leur portée, les enfoncent subitement sous l'eau et les introduisent dans un sac attaché sous la carapace qui les abrite.

Il arrive quelquefois que, réveillés par les cris des oiseaux et étonnés du manège de leurs voisins, les crocodiles attaquent les chasseurs.

Alors, fendant d'un coup de couteau le ventre de leur accoutrement, ils plongent et nagent vers la rive le plus rapidement possible. Leur main droite est armée d'un fort bâtonnet de bois dur, d'environ un pied de long, pointu aux deux bouts, et dont ils ont un approvisionnement de rechange attaché à la ceinture.

Collés contre leurs appareils de flottaison, ils les remorquent de la main gauche pour n'être attaqués que d'un côté. Et quand un de leurs ennemis, friand de chair humaine, s'élance sur eux, la gueule ouverte, le bras droit s'allonge entre les mâchoires, qui se referment subitement. Mais le bâtonnet s'est implanté entre la langue et la mâchoire supérieure, le crocodile plonge, et l'indigène continue sa route après s'être armé d'un nouveau bâton, et recommence l'opération chaque fois qu'il est l'objet d'une attaque nouvelle.

Il est rare qu'il y ait quelque malheur à déplorer.

L'idée d'utiliser ce genre de navigation pour explorer le lac fut adoptée avec enthousiasme, et dès le lendemain l'on procédait à une grande chasse aux crocodiles, dirigée par l'indigène expérimenté dans ce genre de sport.

Quelques longs fuseaux flottaient à une faible distance de la rive ; c'étaient les corps allongés d'une bande de crocodiles.

Un fort émerillon, amorcé d'un quartier de chevreau, fut lancé à toute volée au milieu de la bande.

Il tomba sur le dos d'un crocodile qui, réveillé en sursaut, fit un bond en avant, mais revint vivement sur l'appât tendu à sa gourmandise, et le happa gloutonnement. La corde se raidit, et l'animal, malgré ses efforts et ses sauts désordonnés, fut bientôt amené à terre et mis à mort.

On pêcha ainsi le nombre de crocodiles voulu, et l'on procéda à la confection des appareils flottants.

Chacun des sauriens fut ouvert par le ventre dans toute sa

longueur, et sa carapace, bien grattée à l'intérieur, fut refermée après avoir été préalablement emplie de sable, pour qu'elle ne fût pas déformée en séchant.

Les intestins furent lavés à grande eau et gonflés d'air pour servir de flotteurs, et l'on remit au jour suivant la reconnaissance de l'archipel.

Les tentes furent dressées pour la nuit derrière un massif de verdure, et, dès le point du jour, six Touareg réputés pour leurs talents de natation, Ali et Ahmadou, fort bons nageurs aussi, s'installèrent dans les carapaces au milieu des intestins gonflés d'air, tenant dans leurs mains, en guise de rames, de petites palettes de bois. Les bras pouvaient être facilement ramenés à l'intérieur pour saisir, en cas de besoin, un long coutelas et les bâtonnets pointus attachés au côté de chacun pour la manœuvre défensive indiquée plus haut.

Puis les ouvertures furent cousues et enduites de résine; à tour de rôle, les faux crocodiles furent doucement placés sur l'eau, et s'éloignèrent lentement du bord.

Les mâchoires inférieures avaient été entourées de petits intestins insufflés, de telle sorte que les têtes surnageaient et que les étranges navigateurs pouvaient voir à se diriger.

Quelques embarcations de pêcheurs commençaient à sillonner le lac; nos éclaireurs avaient soin d'éviter de se trouver sur leur route, tout en s'en approchant assez pour en distinguer les équipages.

Les appareils, bien étanches, naviguaient lentement, mais avec sécurité, aucun courant n'existant dans cette partie du lac.

Pour ne pas attirer l'attention, comme pour accélérer les recherches, l'on s'était disséminé sur la surface du lac deux par deux, afin de pouvoir se porter réciproquement secours en cas d'accident.

Avant de se séparer, les quatre couples étaient convenus d'un rendez-vous pour le soir, à l'accore d'un bas-fond découvert en cette saison, formant un îlot vaseux situé à moitié route à peu

Leurs bras saisissent les longs pieds des échassiers.

près du point de départ, et d'un rocher isolé qu'on apercevait à la pointe de l'île la plus rapprochée.

De là ils devaient reprendre ensemble la route du campement, après s'être communiqué les résultats de leurs recherches.

Quand le soir fut venu, deux à deux, les faux sauriens arrivaient au rendez-vous.

Six étaient déjà rassemblés, et nez à nez, de l'intérieur de leurs carapaces, se communiquaient leurs déceptions et l'inanité de leurs perquisitions.

Deux manquaient encore à l'appel, et vu l'heure avancée, l'on commençait à s'inquiéter sérieusement de leur sort, quand on vit arriver un septième explorateur isolé.

On s'empressa autour de lui pour avoir des nouvelles de son compagnon, à qui l'on pouvait craindre qu'il fût arrivé malheur.

Il n'en était heureusement rien, et ce couple avait même été plus favorisé que les autres.

« J'ai remarqué, dit le nouvel arrivant, dans une embarcation qui passa tout près de nous, un homme de race blanche manœuvrant l'aviron; il a l'air triste et malade, sa barbe et ses cheveux sont longs et négligés, sa face est jaune: je crois bien cependant que c'est lui qui a chassé le lion avec nous.

« Toute la journée nous avons suivi la barque des yeux; ce n'était pas difficile, car, après avoir jeté au fond de l'eau une grosse pierre, ceux qui la montaient se sont mis à pêcher à la ligne : nous laissant flotter à quelque distance d'elle dans la direction d'où elle était venue, nous l'avons suivie à son retour, et avons pu la voir aborder un îlot peu éloigné, celui justement à l'extrémité duquel s'élève le rocher que nous avons choisi comme point de repère.

« Alors, nous nous sommes séparés.

« Mon camarade a continué tout doucement la route prise par la barque pour se mettre en faction près de l'île et en surveiller les abords; il a pu assister de près, et moi du large, au débarquement de l'équipage, que nous avons vu tirer l'embarcation à terre. Puis d'autres canots sont arrivés isolément et, comme les premiers, ont été halés au sec.

« Je me suis ensuite dépêché de venir vous rendre compte de notre découverte. »

Nos braves et étonnants navigateurs étaient extrêmement fatigués; depuis le matin ils n'avaient mangé qu'une galette et bu un peu d'eau dont ils s'étaient munis avant le départ; en outre, la position allongée sur le ventre qu'ils avaient gardée toute la journée était des moins commodes et tous avaient un extrême besoin de nourriture, de repos et surtout de changement de posture.

Ils n'étaient d'ailleurs armés que de leurs coutelas, armes insuffisantes pour permettre un débarquement où l'on risquerait d'être surpris par des forces supérieures.

On se mit donc à la recherche de la sentinelle flottante, et après l'avoir trouvée, tous les huit regagnèrent de conserve le point de départ, où leurs amis les débarrassèrent de leur incommode carapace.

Après s'être restaurés et dégourdis, ils narrèrent leur expédition, qui amusa beaucoup les auditeurs. Les lazzi ne leur furent pas ménagés, ce qui ne les empêcha pas de décider que le lendemain ils reprendraient leur déguisement pour effectuer un débarquement nocturne et surprendre les insulaires pendant leur sommeil.

La nuit et la matinée furent employées au repos; l'on se contenta d'arroser souvent les dépouilles des crocodiles pour les empêcher de se déformer en se racornissant et leur conserver la souplesse nécessaire à un nouveau voyage.

L'après-midi fut occupé à visiter et à préparer les armes; peu avant le soleil couchant, les huit hommes furent réintégrés, recousus et recalfatés dans leur coque, avec leur carabine, leurs pistolets et des munitions, le coutelas et les bâtonnets au côté; et de nouveau ils furent lancés par leurs camarades à la surface du lac.

Ils s'éloignèrent en bon ordre, se dirigèrent sur l'îlot et arrivèrent aux environs du rocher au moment où Marius y prenait position.

Ils ne tardèrent pas à le voir, éclairé des rayons de la lune alors dans son plein.

C'était le clapotis de l'eau sur les carapaces en mouvement qui l'avait tiré de sa méditation; c'était leur manœuvre extraordinaire qu'il avait suivie avec tant d'attention et d'étonnement; c'était enfin à eux que s'était adressée sa grotesque allocution; et c'était Ali qui lui avait répondu les mots qui terminent le chapitre précédent.

Des dépouilles des crocodiles s'étaient élancés les Touareg, Ali et Ahmadou.

CHAPITRE XXI

CONTRIBUTION DE GUERRE

L'émotion de Marius en reconnaissant la voix et le jargon d'Ali est plus facile à comprendre qu'à dépeindre.

Aussi me dispenserai-je de le faire et passerai-je sans transition aux faits qui suivirent.

Des dépouilles subitement fendues des huit crocodiles s'étaient élancés les six Touareg, Ali et Ahmadou, dans les bras desquels avait été reçu et affectueusement pressé Marius qui avait plutôt dégringolé de son rocher qu'il n'en était descendu.

La gravité des circonstances et la nécessité d'agir rapidement ne permirent que de courtes effusions, qu'Ali fit suivre d'un rapide exposé du dévouement d'Ahmadou parti à la recherche de son maître, de son désespoir à la vue de son enlèvement au moment où il était sur le point de le rejoindre, de son retour à Ghrât, de l'accueil des Touareg, de l'affectueux empressement qu'ils avaient mis à s'associer à leurs hôtes pour courir à la délivrance de Marius, et du subterfuge employé pour explorer invisiblement l'archipel.

Le récit fut bref et les détails remis à plus tard; et afin de se dérober aux regards indiscrets, l'on se retira dans le cône d'ombre portée par le rocher sur la plage.

Marius expliqua alors que la population de l'île était peu nombreuse et les habitations disséminées, circonstance des plus favorables à une surprise nocturne. Il montra que les embarcations, tirées sur la plage, ne pouvaient pas être assez rapidement mises à flot pour permettre aux fuyards de les enlever et d'aller chercher du secours dans les îles voisines; elles assuraient au contraire aux envahisseurs un moyen de retour facile et prompt.

L'expédition ne fut ni longue ni difficile.

Surpris au milieu de leur sommeil par une troupe bien armée, les indigènes ne tentèrent pas une résistance impossible, et cherchèrent la fuite vers leurs canots; mais, suivis de près, ils trouvèrent, entre eux et l'eau, les Touareg qui les tenaient en joue.

Pas un d'eux ne put échapper, et ils durent se rendre à discrétion.

Les hommes, immédiatement garrottés, furent embarqués et conduits à terre sous l'escorte de Marius, d'Ali, d'Ahmadou et de deux Touareg.

Les vainqueurs, répartis dans les embarcations, surveillaient, pistolet au poing, les captifs, dont deux par barque, attachés par les pieds, remplissaient les fonctions de rameurs.

Quatre Touareg restèrent dans l'îlot pour garder les femmes et les enfants, auxquels l'enlèvement des barques ne laissait aucun moyen de fuite.

Pour plus de sécurité, on les avait d'ailleurs parqués dans la plus grande des cases, autour de laquelle les Touareg préposés à leur garde montèrent une vigilante faction. Leur transbordement sur le continent devait s'effectuer le lendemain.

Aussitôt débarqués, les prisonniers furent conduits au campement où, suivant l'usage adopté par les marchands d'esclaves pour enlever à leurs captifs toute velléité d'évasion, la jambe droite de chacun fut introduite dans une entrave formée d'une bûche percée d'un trou, tandis qu'une double fourche lui enserrait le cou comme une sorte de carcan.

Les malheureux, mornes et abattus, se croyaient destinés à l'esclavage; aussi leur joie ne connut pas de bornes quand, après un long palabre, Ahmadou, qui servait d'interprète, leur annonça que, sur la demande de Marius, il avait été décidé qu'eux et leurs familles seraient seulement mis à la rançon et rendus à la liberté après avoir acquitté un impôt de guerre.

Dès que la tranquillité fut assurée, les canots furent armés de nouveau, et dans la matinée eut lieu le transport des femmes et des enfants, qui furent réunis à leurs époux et à leurs pères.

Et le soir, nos amis célébraient par une grande diffa le succès de leur entreprise et la délivrance de Marius.

On s'assembla le lendemain pour étudier la question de la rançon et le taux auquel elle pouvait être fixée. Marius affirmait que l'île regorgeait de richesses; mais pour assurer une équitable répartition, la première chose était de connaître les ressources de chacun des contribuables.

Un interrogatoire contradictoire fournit les premières données d'appréciation.

Chacun, pris à part, déplorait sa misère, mais s'empressait de signaler les richesses d'autrui, et offrait, espérant ainsi sauver son bien, d'indiquer le lieu où elles étaient cachées.

C'étaient, disaient-ils, des défenses d'éléphant et de l'ivoire d'hippopotame, de la poudre d'or et des résines odoriférantes.

Quant aux marchandises moins précieuses, peaux et poissons secs, graisses et suifs, natron, elles étaient entassées sous des hangars à proximité des cases de leurs propriétaires, et l'inventaire était facile.

L'interrogatoire des prisonniers fut suivi d'une courte délibération où l'on adopta le *modus agendi* suivant qui, d'après Marius, devait donner les plus heureux résultats.

Il serait pris moitié de tout ce qui serait déclaré par son propriétaire, et l'on emporterait la totalité des biens découverts et non déclarés.

Pour arriver à ce but, les indigènes furent reconduits dans leur île, sous bonne escorte, par petites escouades.

Là, en présence de Marius, du chef et de trois de ses compagnons, le partage était fait avec ordre et méthode; et, scrupuleusement, tout dépôt déclaré était marqué pour n'être pas mis deux fois à contribution ou considéré par erreur comme ayant été intentionnellement soustrait aux recherches.

Quoique cette première opération eût été très fructueuse, les libérateurs de Marius ne se considéraient pas comme suffisamment indemnisés de leurs peines passées et à venir, de la perte des mehara morts en route, et des risques restant encore à courir pour le retour. Puis Marius lui-même n'était pas fâché d'obtenir une sérieuse compensation de sa captivité forcée.

Aussi résolut-on de procéder à une contre-épreuve.

Elle fut décisive!

Chacun des captifs s'empressa de signaler d'importantes cachettes de matières précieuses, qui, n'ayant pas été déclarées en temps utile, furent saisies, ainsi qu'en avaient été préalablement et honnêtement prévenus les insulaires.

Les perquisitions, le partage et le transport de leurs produits à terre ne durèrent pas moins d'une semaine, après laquelle les pirates furent rendus à la liberté.

Ils s'empressèrent de s'embarquer et de regagner leur île à force de rames.

Depuis sa délivrance, Marius exultait.

Quelles expressions pourraient dépeindre l'épanouissement le son bonheur et l'expansion de sa reconnaissance?

Il n'en trouvait pas lui-même, et ses effusions se traduisaient par des accolades, des pressions de mains, des gambades ou des larmes de joie.

Après sa longue captivité chez les sauvages insulaires, il lui semblait, par comparaison, être revenu au centre de la civilisation; et il était profondément attendri de l'attachement d'Ahmadou, abandonnant la caravane pour se lancer tout seul à sa recherche, et du dévouement d'Ali et des Touareg.

Les malheureux se croyaient destinés à l'esclavage.

Mais pour le moment il en avait assez des aventures, et aspirait au retour.

Or l'organisation d'une caravane dans les conditions actuelles n'était pas facile.

Nous savons en effet que le nombre des mehara était considérablement réduit par la mortalité qu'avaient causée parmi eux de nombreux cas d'insolation.

Ceux qui restaient, heureusement, étaient maintenant en parfait état et avaient repris toute leur vigueur.

Mais le nombre des cavaliers s'était augmenté d'une unité, et la troupe avait un gros chargement de marchandises variées à emporter.

La première chose à faire était donc de se procurer des bêtes de selle et de somme.

Dans ce but, les marchandises les plus encombrantes furent transportées à *Barraoua* à dos de mehara et troquées contre des mulets de charge et des chevaux de selle.

Mais on ne pouvait, avec des animaux qui ont besoin de manger et de boire tous les jours, songer à se mettre en route avant les premières pluies, qui entretiennent les aiguades et provoquent dans le terrain surchauffé une active poussée des graminées, des légumineuses et des cucurbitacées dont le pays se couvre comme par enchantement.

Les cinq semaines qui suivirent la délivrance de Marius furent employées à mettre les marchandises en balles ou en sacs, à préparer les charges des bêtes de somme, à chasser, à fumer comme provision de route la chair des animaux tués à la chasse, à confectionner des outres avec leurs peaux et de petits barils avec des nœuds de bambous.

Les hommes ne devaient pas manquer de vivres, une grande partie du chargement consistant en poissons secs. Mais il fallait songer aux chevaux et aux mulets.

Dans les fonds humides qui avoisinaient le Tchad, l'on fit une ample fenaison qui devait, avec l'orge et le sorgho qu'on se procurerait en traversant le royaume si peuplé du *Bornou*, leur assurer une nourriture plus substantielle que le fourrage vert, qui pouvait faire défaut si, comme cela se voit souvent, les premières pluies étaient suivies d'une période de sécheresse un peu prolongée.

Ce fut au commencement d'octobre seulement que tombèrent les premières averses: pendant une semaine les nuages déversèrent sans interruption leurs cataractes sur la terre avec une incroyable intensité.

Puis le soleil apparut de nouveau, radieux, dessécha rapidement la surface du sol profondément imprégné d'humidité, et la caravane put se mettre en route après avoir richement défrayé l'indigène près de la case duquel avait été dressé le campement.

On voyait, pour ainsi dire, l'herbe pousser; et le sol, jusque-là d'un rouge brunâtre, marbré de plaques grises et jaunes, sur lequel tranchait la sombre verdure des arbres et des bosquets altérés, s'était comme par enchantement couvert d'un tapis ininterrompu d'émeraude dans lequel se fondaient les fraîches et tendres couleurs des jeunes frondaisons nouvellement écloses.

L'école qu'on avait faite en coupant au plus court avait été une rude leçon, et l'on prit, cette fois, la route habituelle des caravanes par *Zinder*.

De *Ngigmi*, où se fit la première halte, les villages sont nombreux et, par suite, les ravitaillements faciles jusqu'à *Zinder*, que l'on atteignit à la fin d'octobre; l'on put y faire des échanges avantageux, en troquant les marchandises lourdes et encombrantes, comme les cuirs, les graisses et le natron, contre des produits d'une plus grande valeur sous un moindre poids et un plus petit volume, telles que des résines, des gommes, de la cire, des arachides, des cacaos et des cafés, de l'indigo, du rocou et autres matières tinctoriales.

On mit près d'un autre mois à atteindre *Agadès*, où furent encore faites des opérations commerciales lucratives, et où chevaux et mulets furent remplacés par des chameaux qui permettaient une marche plus rapide, de plus longues étapes, et dont l'estomac complaisant offrait de plus grandes facilités pour traverser le désert.

La longue pointe que fait l'*Aïr* dans le désert fut rapidement enlevée, l'eau et les pâturages y étant partout abondants en cette saison. Le hamada qui lui succède s'était lui-même couvert d'une herbe rabougrie, de chardons et de cystes; les aiguades étaient fréquentes, et, sans nouvelles péripéties, l'on arrivait à *Ghrât* vers la mi-janvier, avec une riche cargaison des plus précieux produits du Soudan central.

Le patriarche s'avançait à la tête de ses compatriotes

CHAPITRE XXII

TRIPOLI. — CONCLUSION

L'arrivée des Touareg, de Marius et de ses compagnons produisit une grande sensation dans la ville.

Conduits immédiatement devant le cheikh, ils reçurent de lui l'accueil le plus empressé, les plus élogieuses félicitations. Il retira de son petit doigt une bague ornée d'un magnifique brillant, dont il fit présent à Marius pour avoir, par ses déclarations et personnellement, contribué à la capture de la caravane d'Ibrahim ; et la tribu de ses libérateurs fut déchargée pendant cinq ans de toute redevance.

Et Mardochée, le triste Mardochée !

Quelle joie pour lui de revoir celui dont il avait si longtemps déploré la perte !

Il était maintenant l'un des notables commerçants de la ville ; associé avec ses parents, il avait fait rondement prospérer les produits de sa campagne au Soudan ; et quand, après les premières effusions, il rendit ses comptes à Marius, notre ami fut émerveillé des résultats inespérés dus à son activité, à son esprit mercantile, à sa profonde connaissance des affaires locales et à ses savantes opérations commerciales.

Mais Marius avait grand'hâte de revoir ses foyers ; au lieu de lui donner l'oubli, son fructueux voyage avait ravivé dans son cœur une nouvelle espérance.

Outre la part qui lui revenait dans les bénéfices communs à lui et à Mardochée, il rapportait de nouvelles richesses. Ce ne serait plus le boutiquier parti de *** deux ans auparavant que l'on reverrait dans sa ville natale; ce serait un grand voyageur, l'un de ces braves et trop rarement heureux explorateurs de l'Afrique centrale, qu'y ramènerait la fortune propice; le marchand de denrées coloniales se serait transformé en un puissant négociant à large surface ; et les objections élevées par la famille Toutvenant tomberaient d'elles-mêmes. Les obstacles étaient aplanis, et rien maintenant ne lui paraissait pouvoir s'opposer à la réalisation de son vœu le plus cher.

Rien? Et tes deux ans d'absence, malheureux Marius!

La retrouveras-tu libre encore, celle dont rien n'a pu arracher de ton cœur le cher souvenir? Un autre plus favorisé que toi n'aura-t-il pas fait agréer ses hommages et n'est-il pas déjà l'heureux époux de la belle Honorine Denise?

Telles étaient les tristes pensées qui, chez Marius, obscurcissaient l'avenir, tout en ravivant, en excitant son désir de retour.

Il ne pouvait cependant, sans une noire ingratitude, songer à quitter *Ghrât* sans porter lui-même à ses amis du désert le témoignage de sa reconnaissance.

Laissant donc à Mardochée, dont les aptitudes lui étaient si bien connues, le soin de liquider la part qui lui avait été attribuée dans le partage des dépouilles de ses ravisseurs, il accompagna, avec Ali et Ahmadou, les Touareg jusqu'à leur campement, amenant avec lui un couple de mehara de pure race, destinés au vieux patriarche, et chargés d'armes pour les principaux membres de la tribu ainsi que d'ornements pour les femmes. Il avait déjà richement équipé et armé ceux qui avaient participé à sa délivrance.

Le voyage s'accomplit rapidement; ce fut une fantasia ininterrompue.

La nouvelle du retour de la troupe victorieuse s'était rapidement propagée de douar en douar.

Tout le long de la route, prévenus de son approche par le bruit des armes à feu, cavaliers et meharistes des environs s'élançaient à leur rencontre, faisant aussi parler la poudre, et les accompagnant un bout de route.

La nuit même ne donnait pas de repos aux voyageurs, une diffa suivie de danses et de chants leur étant offerte à chaque étape.

Ce fut une marche triomphale jusqu'à *Djeberten*, où les fêtes données en l'honneur de la troupe victorieuse les retinrent pendant trois jours et leur permirent de prendre, à tour de rôle, quelques heures d'un repos qui leur faisait défaut depuis Ghrât.

Aussi quittèrent-ils Djeberten plus dispos qu'ils n'y étaient arrivés.

Mais, pour que Marius pût avoir lui-même quelque relâche, il avait fallu l'intervention des autorités. Terrible conséquence d'une trop grande célébrité! Tout le monde, hommes, femmes et enfants, voulait contempler l'homme du Nord, objet de si étranges péripéties qui, grossies de bouche en bouche, avaient atteint d'incroyables proportions.

Enfin, le troisième jour, une nouvelle troupe arrivait à Djeberten, où elle était reçue avec le même enthousiasme : c'était une députation de la tribu des Azger à qui Marius devait sa délivrance qui, avertie par la trompette de la Renommée, venait à la rencontre de leurs amis.

Ils participèrent aux fêtes ce jour-là; et le lendemain, la fantasia, un moment interrompue, continuait à toute vitesse sur la route du campement. qu'on atteignait à la fin du jour.

Pour recevoir Marius et ses libérateurs, le patriarche s'était fait placer sur le dos d'un mehari d'une éclatante blancheur et richement caparaçonné. Entouré des membres de sa famille, il s'avançait à la tête de ses compatriotes.

A sa vue, son petit-fils fit arrêter sa troupe, la plaça sur une seule ligne, et d'une triple décharge de mousqueterie salua son aïeul et ses compagnons.

Puis Marius et lui se détachèrent et, au pas de leurs montures, s'avancèrent de front à sa rencontre.

Après les saluts d'usage, la main au front, aux lèvres et au cœur, le jeune chef et Marius baisèrent la main que leur tendait le vénérable vieillard, à défaut de l'accolade qu'ils ne pouvaient lui donner du haut de leurs mehara.

Ensuite, les deux troupes s'avancèrent l'une vers l'autre, et ne tardèrent pas à se mêler.

Quelques instants après l'on arrivait au campement, où un grand festin terminait la cérémonie.

Marius, à la droite du patriarche, était profondément ému. Ali, placé derrière lui, lui servait de truchement près du vieillard à qui l'arabe était familier. Il lui traduisit, à la fin du repas, l'expression de la vénération et de la gratitude de celui qu'il appelait son maître, le pria d'accepter en souvenir de lui les deux nobles mehara amenés à son intention, et de distribuer à ses nouveaux frères les armes qu'il leur destinait.

Le repas fut suivi de divertissements et de chants; et comme chacun avait non seulement besoin de repos, mais était impatient de revoir en liberté les siens, peu à peu les convives se retirèrent un à un; ce que voyant, le vieillard rentra lui-même sous sa tente, fit conduire Marius à celle qui lui était destinée, et bientôt tout redevint calme et silencieux dans le camp.

Pendant huit jours Marius resta chez les Touareg.

Il accomplit en leur compagnie de nouveaux exploits cynégétiques, et leur fit ses adieux dans les premiers jours de février, afin de profiter d'une caravane partant de *Ghrât* à la fin du même mois pour *Tripoli* par *Ghardamès*, et dans laquelle Mardochée avait été chargé de le faire admettre avec Ali et Ahmadou qui, tous deux, l'avaient supplié de ne pas les abandonner. et lui avaient arraché la promesse de les conserver à son service.

Il ne pouvait pas espérer trouver, même en sa ville natale, de serviteurs plus consciencieux et plus dévoués, et il lui serait facile de les employer utilement et avantageusement dans la maison de gros qu'il comptait fonder une fois de retour dans ses foyers, avec le concours de Théodule qu'il intéresserait dans les bénéfices, en récompense de ses services passés.

Les Touareg lui firent escorte jusqu'à *Djeberten*, où il rencontra des marchands de laine qui rapportaient à Ghrât le produit des tontes des troupeaux de la contrée; il fut sans peine admis dans leur compagnie sur la recommandation des Touareg qui leur avaient vendu la laine de leurs moutons; le voyage s'effectua plus lentement qu'à l'aller; mais on arriva sans encombre à Ghrât plusieurs jours avant le départ de la caravane pour *Ghardamès*.

Mardochée annonça à Marius que, lui aussi, partait pour *Tripoli*, où il allait s'installer comme représentant de ses parents de Ghrât, avec intention de servir d'intermédiaire entre eux et l'Europe. Il espérait que Marius voudrait bien lui continuer sa confiance et la gestion de ses intérêts en Afrique.

L'Israélite avait chargé pour son compte plusieurs chameaux, et assura à Marius qu'il avait encore le temps de l'associer à ce dernier coup de commerce qu'il pensait devoir être très lucratif. Sur son consentement, une partie du capital de Marius fut convertie en marchandises; des chameaux furent loués avec leurs chameliers pour le voyage; et Marius mit en portefeuille le reste de son avoir en traites dûment acceptées sur d'importantes maisons de Tripoli.

Le voyage s'accomplit sans incidents dignes d'être rapportés, si ce n'est que Marius eut à subir de fréquents et pénibles accès de fièvre, auxquels il était sujet depuis sa captivité au lac Tchad. On fit à Ghardamès un séjour d'une semaine, qu'il passa presque entièrement au lit, et pendant laquelle Mardochée trouva encore moyen de faire des trocs avantageux pour lui et pour Marius qui lui donnait une commission sur les bénéfices qu'il lui procurait.

Enfin, la caravane arriva, non sans fatigues, à la capitale de la Tripolitaine, et campa à l'entrée de la ville.

Quant à Marius, il s'empressa de chercher un logement confortable dans un des nombreux hôtels cosmopolites de la cité; il n'eut que l'embarras du choix, et se laissa séduire par l'admirable et hygiénique situation de l'un d'eux, sur les hauteurs qui dominent la ville, et dont la façade, exposée au nord, découvrait le magnifique panorama d'une immense étendue de mer sillonnée des nombreux paquebots qui viennent dans le port échanger les produits de la civilisation européenne contre les riches productions du Soudan central.

Il aurait pu, dès son arrivée à Tripoli, partir pour *Tunis* afin d'y prendre le paquebot de Marseille; mais un Européen ne traverse pas impunément les pays qu'il venait de parcourir dans des conditions aussi précaires que peu hygiéniques, et les accès de fièvre paludéenne dont il avait contracté le germe au lac Tchad devenaient de plus en plus fréquents.

Aussi, malgré sa vigoureuse constitution et son robuste tempérament, était-il à bout de forces, épuisé et réduit à un terrible état de maigreur; l'appétit manquait, la digestion se faisait mal, et les chaudes couleurs de son teint de Méridional avaient été remplacées par ce jaune terreux qui indique des troubles du côté du foie et un excès de sécrétion bilieuse.

Des soins immédiats s'imposaient avec un grand repos et un régime approprié. Il se sentait d'ailleurs peu disposé à affronter de nouveau les hasards de la mer avant d'avoir, au moins en partie, repris son ancienne vigueur, sa bonne santé et son brillant appétit.

Il s'installa donc à l'hôtel avec Ali et Ahmadou qui restaient attachés à son service, savourant les délices d'un bon lit, d'une nourriture réconfortante et choisie, subissant force quinine, et se complaisant dans les plus doux rêves et les plus riants projets d'avenir.

Quant à Mardochée, ayant loué à proximité des quais un petit magasin pour loger ses marchandises et celles de son associé, il y avait déjà repris son négoce.

L'un des premiers soins de Marius avait été, comme on le pense bien, de télégraphier à Théodule son arrivée à Tripoli et l'heureux succès de son voyage; il passait sous silence son état maladif, et annonçait simplement être retenu quelque temps à Tripoli pour la liquidation de ses affaires, remettant au retour le récit des prodigieux événements dont il avait été le jouet. Il n'oubliait naturellement pas de charger Théodule de ses hommages pour la famille Toutvenant.

La réponse ne se fit pas attendre : elle exprimait la joie de Théodule et de sa famille, et apportait à Marius l'immense bonheur d'apprendre que Mlle Toutvenant, toujours libre, parlait souvent de lui avec une certaine émotion.

Le bruit des aventures de Marius s'était répandu, comme le feu mis à une traînée de poudre, dans la population européenne qui tient le haut commerce local.

Après une laborieuse journée à leurs comptoirs qui avoisinent les quais, les négociants viennent oublier leurs soucis et chercher repos et fraîcheur à leurs villas, au milieu desquelles était l'hôtel de Marius sur le versant de la colline qui fait face à la mer, et il put sans peine nouer parmi eux quelques relations qui s'étendirent rapidement.

Marius n'était pas un hâbleur; mais il avait l'imagination féconde et la parole facile, ce qui ne contribua pas peu à lui procurer un cercle d'auditeurs d'autant plus avides de ses récits qu'il n'était bruit depuis quelques jours, en la ville, que d'un nouveau projet de voie transsaharienne qui partirait de *Tripoli* pour aboutir au *Tchad*.

On parlait d'une société française en voie de formation, et se constituant non seulement pour l'établissement d'un chemin de fer, mais aussi pour la création de comptoirs et l'exploitation directe des pays desservis et voisins.

Ce serait, disait-on, la plus grande et la plus fructueuse entreprise du siècle ; en ouvrant à l'immense continent africain un débouché en rapport avec l'importance de ses productions, à la porte de l'Europe, elle deviendrait la source de fortunes rapides et colossales. N'avait-on pas, en effet, l'exemple du transcontinental américain et des résultats merveilleux et inespérés de son exploitation.

On parlait aussi d'avantages considérables faits par le Sultan et de vastes terrains facilement exploitables concédés par lui en toute propriété à ladite compagnie, et l'on citait des chiffres fabuleux comme taux du rendement probable.

Tout en faisant la part des exagérations, de l'entraînement et des désillusions possibles, Marius sentait qu'une pareille entreprise ouvrait enfin à la France, avec des facilités qu'il n'avait pas entrevues jusque-là, l'accès d'incommensurables territoires d'une incontestable richesse, encore à peine exploités par des procédés imparfaits, qu'elle donnerait un facile écoulement vers tous les ports européens de la Méditerranée aux productions animales, végétales et minérales dont il avait pu constater *de visu* la surabondance.

Il y voyait enfin l'action civilisatrice de l'Évangile pénétrant chez les peuples idolâtres, et la parole du Christ prêchée de nouveau dans le désert sous la protection de l'Islam, éclatante revanche de la mort de saint Louis et de la captivité du Saint-Sépulcre.

Les cloches de la coquette petite église de *** sont en branle. Une foule de mendiants se pressent sous le porche, dont une cohue de curieux encombrent les abords.

C'est qu'il va y être célébré un mariage brillant pour la localité, un mariage dont personne ne se doutait il y a moins d'un mois.

Marius Mercurin est revenu !

Il n'a pas été long à se remettre de ses fatigues ; la fièvre a cédé à la quinine, au repos et à un bon régime : il a conservé, il est vrai, une certaine pâleur qui ne lui messied d'ailleurs pas, et l'embonpoint que lui avait valu une vie trop sédentaire a fait place à une légère maigreur plus conforme à l'élégance de la tournure. Mais ses forces sont revenues et sa santé est plus brillante que jamais.

Dès qu'il s'est senti en état de supporter la traversée, Marius a fait ses adieux à Mardochée, qu'il a laissé muni de ses pouvoirs, et, accompagné de ses deux fidèles Ali et Ahmadou, a pris le paquebot de *Tunis*, où il a fait une courte relâche, ne pouvant, sans vandalisme, se dispenser d'y visiter le tombeau de saint Louis et les ruines de Carthage, le Bardo, Dar-el-Bey, la Marsa et les curieux souks (marchés couverts).

Puis il s'est embarqué pour Marseille, a eu cette fois une belle traversée et, un beau soir, est tombé à l'improviste au milieu de la famille de Théodule, qu'il a trouvée dans les larmes.

Théodule venait de lire aux siens, dans l'*Écho de* ***, un compte rendu sommaire du voyage et des tribulations de Marius et de son arrivée à *Tripoli* dans un état de santé des plus graves.

On avait d'abord ri de sa mésaventure à *Biskra* et de son enlèvement par l'indocile mehari; puis on avait frémi quand on l'avait vu emporté par le gorille; le dévouement du bon nègre à sa recherche avait excité les tendres sentiments, et sa captivité avait commencé à chatouiller désagréablement les glandes lacrymales qui, subitement contractées à la nouvelle de sa maladie, avaient laissé échapper les pleurs retenus à grand peine jusque-là.

Qu'on juge de l'émotion générale à son apparition inopinée!

C'est alors qu'on s'en donna à cœur joie!

Les gouttes liquides qui perlaient péniblement encore au coin de tous les yeux se transformèrent instantanément en torrents, et les sanglots de toute la famille exprimèrent éloquemment la joie générale.

Et Marius, l'honnête Marius!

Il était si joyeux, lui aussi, qu'il se mit à faire sa partie dans le chœur.

Peu à peu, cependant, les sanglots se calmèrent, et l'on eût pu voir s'épanouir toutes ces bonnes figures.

Ce fut Mme Théodule qui, la première, embrassa Marius; plus sensible, elle pleurait encore, et ses larmes de joie coulaient en longs filets sur le cou de notre héros.

Cependant Marius passa de bras en bras; les ris succédèrent aux pleurs; et les doux épanchements allaient leur train, quand la porte, s'ouvrant doucement, laissa passer ces mots :

« Bonjour, Messié, Madame! »

Ali et Ahmadou faisaient leur entrée. Tous deux durent subir l'accolade et furent embrassés à la ronde. . . . .

. . . .

Chez Théodule on se couchait de bonne heure; mais cette fois la veillée se prolongea bien avant dans la nuit, et quand, le matin, chacun se retrouva, on dut convenir que le sommeil avait fui toutes les paupières.

Comme bien l'on pense, l'arrivée de Marius fut connue dans toute la ville, le lendemain matin dès la première heure, et nombre de mains vinrent serrer, à son lever, celles de l'intrépide et heureux voyageur. C'était à qui le complimenterait et aurait la primeur de quelques épisodes de son voyage, racontées de sa bouche même. Il dut promettre au rédacteur de l'*Écho de* *** un récit détaillé de toutes ses aventures.

Ali et Ahmadou avaient aussi un grand succès de curiosité, et la maison de Théodule ne désemplissait pas.

Une visite fut tout particulièrement sensible à Marius : ce fut celle de M. Toutvenant. Il crut y voir, et peut-être n'eut-il pas tort, un encouragement à renouveler les démarches qui, vingt-huit mois auparavant, n'avaient pas été favorablement accueillies.

Marius n'était pas rancunier, et nous savons toute l'affection qu'il avait conservée pour la fille du digne officier ministériel. Il sollicita donc, et obtint sans peine la permission d'aller le jour même présenter ses devoirs à Mme et à Mlle Toutvenant.

L'accueil qui lui fut fait dépassa ses espérances; la mère, autrefois si hautainement froide à son égard, la figure épanouie maintenant, lui tendit les deux mains dans lesquelles elle retint celles de Marius une seconde de plus qu'il n'était nécessaire.

Marius tomba au milieu de la famille de Théodule.

Et quand il retrouva la liberté de ses membres supérieurs, Marius se précipita sur une petite main tremblante qui se tendait timidement vers lui ; ce fut plusieurs secondes que lui, abusant de l'exemple qui venait de lui être donné, la pressa dans les siennes. . . . .

. . . .

Huit jours plus tard, la bague du cheikh de *Ghrât* ornait l'annulaire gauche de Mlle Honorine-Denise Toutvenant. . .

. . . .

. . . .

Et voilà pourquoi tintaient joyeusement les cloches de la petite église de ***.

TABLE DES MATIÈRES

CHAPITRE	I.	Tombouctou ou lac Tchad	7
—	II.	Le marché de Biskra	19
—	III.	Le déserteur	27
—	IV.	Le jeune guide	48
—	V.	De Bir-El-Askar à El-Ouad	61
—	VI.	Dans le désert	75
—	VII.	Séjour chez les Touareg	88
—	VIII.	Les Touareg	105
—	IX.	Ghât	122
—	X.	La poursuite	130
—	XI.	En chasse	140
—	XII.	Ahmadou	149
—	XIII.	Piste aérienne	156
—	XIV.	Trois jours de captivité	165
—	XV.	Complications	175
—	XVI.	Au lac Tchad	186
—	XVII.	Retour d'Ahmadou à Ghât	195
—	XVIII.	Ali et Ahmadou	206
—	XIX.	Les crocodiles	218
—	XX.	Étrange navigation	224
—	XXI.	Contribution de guerre	233
—	XXII.	Tripoli. — Conclusion	241

8414-00. — Corbeil. Imprimerie Éd. Crété.

9282-00. — CORBEIL. Imprimerie CRÉTÉ.

www.ingramcontent.com/pod-product-compliance
Ingram Content Group UK Ltd.
Pitfield, Milton Keynes, MK11 3LW, UK
UKHW031835260826
14628UKWH00001B/398

9 782013 274524